AF447458

DE NAZARET A CANÁ

MARÍA DE YAHVEH

Treinta años de historia, vida y eternidad

CANTO, NARRATIVA Y POESÍA

EMILIO R. CORNEJO ARÉVALO

Título Obra:
DE NAZARET A CANÁ: MARÍA DE YAHVEH
Editor general: Emilio J. Cornejo Moreno
Diseño de Portada y Diagramación interior: Miguel Beteta García

Segunda edición: mayo 2023

Managua, Nicaragua

PALESTINA EN TIEMPOS DE JESÚS

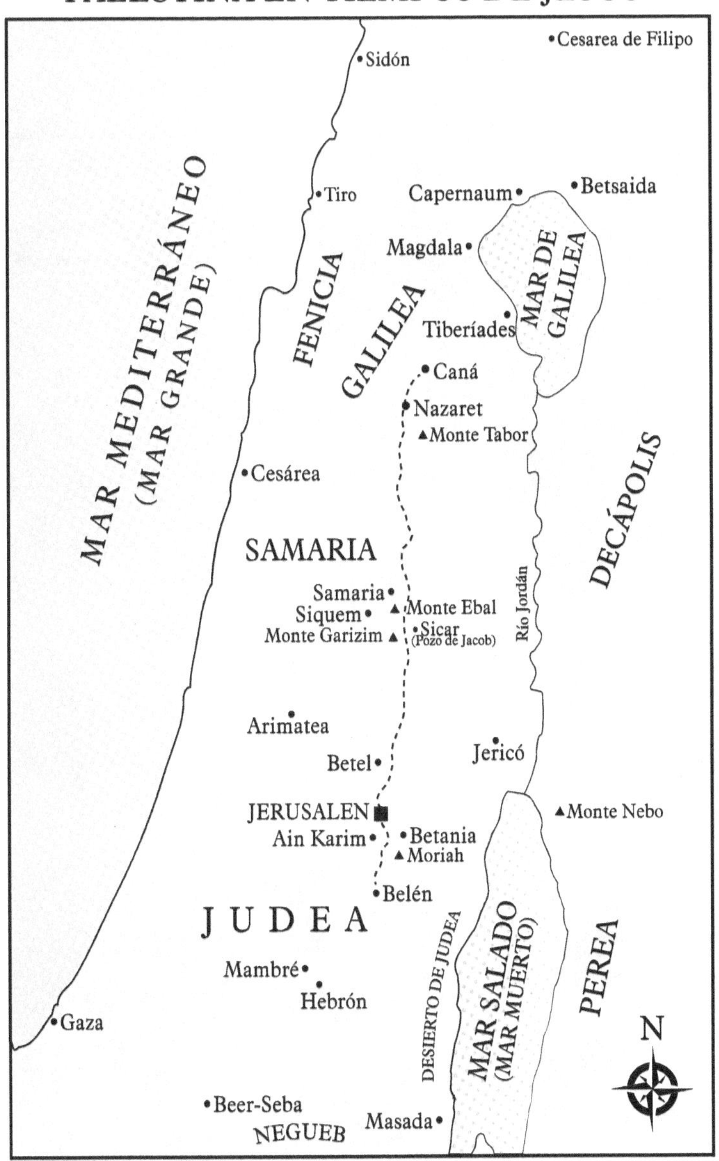

Elaborado por Emilio J. Cornejo Moreno con fines ilustrativos.

Carretera Norte Km. 151 San Ramón.
Apartado Postal N° 16. Estelí, Nicaragua.
celiana22@cablenet.com.ni
(505) 2710-1150

<u>Licencia n° 1</u>

NIHIL OBSTAT

Yo, **JUAN ABELARDO MATA GUEVARA**, Obispo de la Diócesis de Estelí, por las presentes letras,

AUTORIZO

Que sea publicado el Libro "MARÍA DE YAHVEH" DEL Licenciado Emilio Cornejo Arévalo, el cual se ha escrito con la intensión de llevar a todos los fieles cristianos un mensaje sobre la vida, persona y Amor de Madre de la Santísima Virgen María.

Está escrito en un lenguaje sencillo y popular en perfecta Teología.
Está basado en los Evangelios y en el Antiguo Testamento y es apto para todos para la lectura y meditación.

Sin duda alguna damos la Licencia Eclesiástica a este Libro "MARÍA DE YAHVEH" para que sea publicado al término de la presente autorización.

Dado en la sede de la Casa Episcopal de Estelí, a los diez días del mes de agosto del año dos mil dieciocho.

**MONS. JUAN ABELARDO MATA GUEVARA, S.D.B.,
OBISPO DE LA DIÓCESIS ESTELÍ - NICARAGUA**

cc.Archivo

Dedicatoria

A la memoria de mi padre

Un tributo muy especial a mi padre: Emilio de Jesús que, desde las mansiones celestiales, se goza en la feliz culminación de esta ofrenda dedicada a la madre que lo cuida y acaricia allá en los cielos. Varón de Dios, de personalidad recia y afable, quien desde su lecho de partida ofrendó oraciones de esperanza hacia María.

A mi madre

El amor y el silencio de María, habitando en el corazón de mi madre: Josefa Dolores; mujer profundamente creyente, sencilla, buena, que animó con su alegría, oraciones y confianza, la feliz concreción de estos escritos. Mujer sabia, que interpretó desde un inicio con el corazón, el mensaje contenido en esta obra.

A mi esposa

Con profundo amor, a mi esposa Maritza; dulce acompañante de mis días y mis noches, que participó de mis espacios de quietud y reflexión, pero que también compartió casi siempre en el silencio los abundantes momentos de meditación, que marcaron la búsqueda y el encuentro con María.

A mis hijos (as)

Emilio Javier, Ricardo Rafael, Eduardo Napoleón, Álvaro Marcelo, Silvio René, Maritza Isabel, Miriam Ivania, quienes en todo momento animaron mi espíritu muchas veces decaído, confiando y esperando desde la inmensidad de su cariño en que, al final, todo saldría bien. Sus sonrisas y palabras festejantes, surgidas en el compartir de la misión evangelizadora, frases, o ideas, fueron el estímulo eficaz para continuar develando con María las posibles circunstancias que envolvieron los "haceres" de su tiempo.

A mis nietos (as)

Josette Xaviera, Natalia Margarita, Emilio José María, Linda Isabel, Valerie Marcela, Sofía Alejandra, Ricardo Rafael, Eduardo José, Mara Sofía, Diego Ricardo, Álvaro Marcelo, Roberto René, Yader René.

A mis hermanos (as)

Profundamente feliz, por los hermanos y hermanas que me dio la providencia: Mercedes Trinidad, María Isabel, María Mercedes, José Napoleón, Miguel Ángel, Óscar Mauricio; quienes a pesar de conocer las fragilidades de mi caminar por los senderos que conducen a la eternidad, siempre esperaron el momento de la feliz culminación de la labor emprendida, ¡Gracias por ello!, porque en su confianza quedaron depositadas muchas veces las dificultades de conocimiento y discernimiento de las cosas de María.

Reconocimiento

Cuán cortas se hacen las palabras y qué estrecho el reconocimiento y la gratitud cuando nuestras mentes evocan los nombres y las figuras que nos dieron una palabra de aliento, que nos regalaron su ejemplo, su amistad y su esperanza, que impulsaron nuestros sueños más allá de las fronteras que trituran la existencia de nuestro ser perecedero y material.

Con entrañable nostalgia, evoco el recuerdo de los amigos (as) que compartimos en algún momento cercano o… ¡quizás lejano!, la alegría del compromiso eclesial, aporte y misión que abrió los surcos por donde germinaba el sueño de la "Civilización del Amor": Movimiento de Cursillos de Cristiandad, Renovación Carismática Católica, Movimiento Juvenil "De Cara al Viento", Movimiento Familiar Cristiano, Cáritas Diocesana, Movimiento Juvenil "Arriésgate… hay algo más", Talleres de Oración y Vida P. Ignacio Larrañaga, "Retiros de Emaús", "En la Barca de Pedro", fueron entre otros, los espacios que se gozaron ante el ímpetu y ardor que caracterizó el apostolado evangelizador.

José Norberto y Tere Briones, Felipe y Mary Barreda, Pedro Reyes, Harvy y Lorena Agurto, Chepe y Rita Huete, Rodolfo y Chepita Rodríguez, Alejandro y Gloria Hernández, Óscar y Ada Luz Briones, César y Gloria Gadea, Alejandro y Brígida Guillén, Jorge Tercero, Augusto y María Iris Barrantes, Tiburcio y Vitelia Reyes, Mauricio y María Lourdes Moncada, Mario y Miriam Guillén, Agustín y Alicia Rivera, Rolando y Marcia Meneses, Saturnino y Lidia Mejía, Ena Rodríguez, Juan y Altagracia Pérez, Eudocia Parrilla, Domingo y Paulita Pérez, Lupe Moreno, José y Rosa Emilia Gonzales, Noel y María Jesús Pérez, Ulises y Nelly Molina, Antonio Espino, Paco Moreno, Rosendo Tórrez, Humberto Pérez, Maribel Moreno, Pablo y Marina Ortuño, Noel Gámez, Irma Urrutia, Vilma Castillo, Alfonso y Ofelia, Enoc Zeledón, Héctor Molina, Norberto y Angelita Briones, Juan Antonio Moreno, Marlene Treminio, Cristóbal Pérez, Marina Pastora, César y Enriqueta Ortez, Emilio y Elsa Lilliana Herrera, Beatriz Villareal, Danelia Benavidez, Ligia Gómez, Ligia Ibarra, Angelito y Nayita Guevara, Tomás y Rosita Navarro, Gladys Xiomara (...).

Jóvenes valientes y generosos (as), como: Sara Luisa Tórrez, Zilgean Castillo, Sandra Morales, Miriam y Enma Lucía Gutiérrez, Rosa Amelia Arróliga, Adolfo Huete, Milagros Castellón, Juan Francisco Tercero, Gustavo Peralta, Juan Morán, Édgar Rodríguez, Manuel Balladares, Rigoberto Soto, Luis Manuel Rodríguez, Jorge Ubau, Erick Altamirano, Marielos Tórrez, Gema Rivera, Miriam Morán, Claudia, Urania y Yuri Ortez, Eduardo y Norita, Emilio y Josette, Ricardo y Linda, Silvio y Arlen, Álvaro Marcelo, Miriam Ivania y Maritza Isabel y tantos otros centinelas del reino a los cuales me han unido lazos de misión, de peregrinar en el trayecto muchas veces confundido o abandonado en su derrotero hacia las mansiones del Padre.

A los apóstoles que el Señor ha designado para orientar la travesía de su pueblo, entre ellos: Mons. Julio César Videa, Pbro. Julio César López, Pbro. Webster López, Pbro. Frutos Valle, Pbro. fray Ricardo Ramírez, Pbro. Raúl Zamora, Pbro. Paziente (Patricio) Tiraboschi, Pbro. Noé Armando Flores; guías espirituales quienes, desde su compromiso sacerdotal ejercido a través de las diferentes parroquias, señalan incansablemente el camino hacia la tierra prometida.

A Mons. Rubén López Ardón, obispo emérito de la Diócesis de Estelí (1979-1990), quien, desde su acertada conducción como pastor, hizo estremecer los cimientos de mi indiferencia y acomodo, para ayudarme a descubrir con alegría nuevas dimensiones del compromiso de bautizado; realidad que dejó al desnudo el egoísmo de mi entrega y voluntad para con aquel que dijo: *Ya no os llamaré siervos, sino amigos... (Jn 15:15).*

Con profundo respeto a Mons. Juan Abelardo Mata, Obispo de la Diócesis de Estelí (1990...); pastor que guía a su pueblo diocesano, bajo circunstancias que demandan un profundo discernimiento y fidelidad.

Mi gratitud y admiración para mi hijo Emilio Javier Cornejo Moreno, Editor General de la presente obra, quien con su entrega, talento y creatividad hizo posible la materialización de este sueño "María de Yahveh".

Mi reconocimiento imperecedero para todos ellos y para los que mi memoria y mi pluma han guardado en el silencio agradecido de mi corazón.

El autor

De Nazaret a Caná
MARÍA DE YAHVEH
Canto, narrativa y poesía

He leído con verdadero deleite el texto *De Nazaret a Caná, MARÍA DE YAHVEH*, escrito por nuestro buen amigo Emilio Cornejo.

Alegra sobremanera el encanto que emana de este hermoso escrito. No deja de impresionar la inspiración poética, la finura de expresión, el delicado manejo del idioma. Entusiasma la belleza y la delicadeza de las metáforas y alegorías.

Asombra la vasta cultura bíblica y geográfica de la región que el autor muestra en su prosa muy agradablemente construida. Es admirable la bien lograda síntesis de los múltiples elementos religiosos de épocas pasadas, relacionadas con el antiguo testamento.

Es evidente que el escritor es una persona profundamente enamorada de María, lo que le ha permitido la facilidad de idear títulos tan creativos y sugestivos para los diferentes apartados del texto.

La lectura de esta obra sobre María deja un agradable sabor por la profundidad y ubicación de una reflexión que acaba siendo auténtica meditación. Es claro que el autor nos ofrece un relato sobre María que permite espacios para la oración y contemplación.

Leyendo la obra se ve claramente que el autor hace un recorrido acompañando a María en su peregrinar, al mismo tiempo que entabla un sabroso diálogo con ella.

No cabe duda de que es una lectura ampliamente recomendable para cualquier creyente que desee profundizar en el conocimiento de la Madre del Señor Jesús y acrecentar su fe.

H. Nabor González Gómez

De Nazaret a Caná, MARÍA DE YAHVEH es un escrito que manifiesta los más profundos sentimientos religiosos del autor. Canta con gran lirismo la actitud asumida por MARÍA en su aceptación de los planes propuestos por Dios. Al inmenso amor de Dios, María responde con todo su ser hasta el final y con todas sus consecuencias.

Destaca la participación activa y generosa de la Elegida por Dios. Como telón de fondo coloca la parte negativa del pueblo de Israel y de la humanidad para dar más fuerza a la gozosa respuesta de la Virgen.

Como efecto de esta contraposición, se deja entrever el objetivo del autor: Animarnos a una respuesta activa y generosa.

El recurso de volver sobre los mismos tópicos nos insinúa hasta dónde pudo llenar la gracia de Dios la persona y la vida de María.

El amplio panorama descrito trata de poner un relieve al inmenso gozo que María siente al verse invadida amorosamente por el Espíritu (*Magníficat*). Todo ello alcanza una gran resonancia en el pueblo de Dios que proclama que Ella es el orgullo de nuestra raza.

Para Emilio con especial aprecio.

Julio César López H.
Sacerdote

"MARÍA DE YAHVEH"

Es un canto del corazón a María, la Mujer merecedora de todo nuestro amor por ser la "BENDITA ENTRE TODAS LAS MUJERES", *bendita* porque fue la más humilde y como tal la servidora por excelencia de los planes de Dios.

Don Emilio Cornejo, su autor, deja fluir de su corazón la fresca ternura de su cariño excepcional hacia la "Buena Madre" para comunicarla al lector.

MARÍA DE YAHVEH no es un libro para leer... son páginas para contemplar y para dejarse impregnar de la "humilde grandeza" de la que pudo decir con toda verdad: *Mi espíritu se alegra en Dios mi Salvador, porque se fijó en su humilde esclava y, desde ahora, me llamarán feliz todas las generaciones... (Lc 1:47–48).*

H. Efraín Martín (f.m.s.)

De Nazaret a Caná
María de Yahveh
Treinta años de historia,
vida y eternidad

De la pluma fecunda del poeta, van surgiendo como desgranadas cuentas de un rosario cada uno de los misterios de la vida de la joven de Nazaret, María, y el nacimiento del redentor del mundo.

En esta obra, poco a poco, la narración se vuelve canto, el canto se vuelve poesía sensitiva y delicada, para convertirse en un panegírico que ensalza la figura de María y la sagrada familia de Nazaret.

Esp. Marlene Rodríguez

ÍNDICE

Introducción[1]

El propósito de la presente obra es tratar de ofrecer algunos destellos de lo que debió haber sido el recorrido existencial de María de Nazaret en su breve, pero a la vez eterna caminata por los senderos de la historia de la salvación.

Han transcurrido cientos de días y ya no digamos de horas, minutos y segundos que consumieron su tiempo inútilmente en el vacío de la existencia sin sentido, de la sequedad que produce la insolación de las cosas banales con que lisonjea el mundo,

---

1   Las citas bíblicas se han extraído principalmente de la Nueva Biblia Latinoamérica, XXXIX Ed. Ediciones Paulinas, Verbo Divino, 1972.

del transcurrir con la conciencia intranquila por los múltiples desaciertos que convierten en utopía la vida en abundancia.

Sin embargo, con el cansancio que producen los fardos que acumulan "las riquezas" de los hijos pródigos que poblamos este mundo; ¡vaya!, al final del camino, un leve resplandor de lo que debió ser la razón permanente de una vida consciente de su suerte. Al fin, algo queda del conflicto lacerante entre el querer ser y no ser lo que se debe.

Todo fue caminando en el corto trecho que albergó las palabras, sentimientos, alegrías y tristezas que provocó el descubrir la profunda dualidad que se encarna en nuestra vida de creyentes, dualidad que divorcia lo dicho con lo hecho, la intención de la práctica desnuda... ¡terriblemente fría!, la esperanza en el mañana con la desesperanza del presente.

¡En fin!, qué no decir ante la experiencia de haber saboreado los pasajes de la vida de María, pasajes extraídos, desde la tierna perspectiva de esa vida consagrada a la caricia maternal y comprensiva, hacia los hijos adheridos a la herencia de la Eva transgresora y milenaria.

Vaya un profundo tributo, para el feliz instante que aprisionó en su tiempo la idea, la inspiración y la ejecución que puso en marcha la primera letra, que abriría paso a las otras que vendrían.

Dichoso instante que se robó las primicias del retorno a las raíces de la vida, regreso hacia el año uno de la era que vivimos, nostalgia hacia el origen de los planes que trazó la Providencia.

El Autor

Breve reseña

Ahí tienes a tu Madre
(Jn 19:27)

El pueblo de Israel se regía por una serie de leyes, tradiciones y costumbres, fruto de una cultura teocrática, que se inicia en el año 1750 a.C., con Abraham, llamado el padre de la fe; con quien Dios, de manera muy particular, establece una relación de amistad; recibe en el transcurrir del tiempo, la influencia determinante de Moisés a través de las leyes establecidas en el Decálogo[2] o Tablas de la Alianza que se constituyen en un pacto de amor, entregadas

---

2   Referido a los diez mandamientos entregados a Moisés en las dos tablas de piedra en el monte Sinaí (Ex 24:12-18; 31:18).

por Dios en el monte Sinaí (1230 a.C.), y se renueva, entre otras, con el Código de la Alianza que rige a las doce tribus en tiempos de Josué, sucesor de Moisés (Jos 8:30-35).

Bajo estos principios y valores que determinan la cultura judía, hace su irrupción María, quien tiene que encarnar su conducta en una sociedad patriarcal; es decir, guardar un lugar secundario por su condición de mujer, "desaparecer" física y nominalmente de todos los acontecimientos de su tiempo, así como, permanecer oculta y sin ninguna relevancia, hasta en los aspectos de tipo salvífico en que por designio divino le correspondió ser coprotagonista.

De ahí, que bíblicamente en la historia de la salvación, aparece muy ocasionalmente y siempre dando la impresión de encontrarse: después de... atrás de... casi como una eterna ausente y a la vez espectadora.

En la cultura judía, la mujer no gozaba de los mismos derechos civiles ni religiosos que el hombre, por lo que podríamos afirmar que, desde su condición de mujer, guardaba socialmente cierto "parentesco", en cuanto a las consideraciones y trato dispensado a los disminuidos físicamente de aquel tiempo: leprosos, ciegos, paralíticos, etc., a quienes por motivos religiosos se les marginaba, rechazaba y olvidaba hasta en el seno de sus propias familias.

Es por ello que seguramente los evangelistas casi no reparan en ella, siempre la presentan en el fondo de los relatos... opacada, como presenciando todo desde lejos. En consecuencia, al analizar algunos aspectos de su vida histórica, no nos cabe más que pensar en la gran cantidad de maravillas que no fueron dichas, que no fueron trasmitidas o simplemente mutiladas; por lo que la evidente riqueza de su vida y protagonismo en el plan de Dios fue víctima de la "censura cultural" condenando al silencio su palabra y, por consiguiente, fomentado el pecado de omisión de amor, hacia la criatura más digna y pura de la creación.

El autor

Capítulo I

María, escogida en el Plan de la Salvación

o existen datos exactos acerca del lugar donde nace María, se le identifica como uno de los 200-350 habitantes de una aldea pobre llamada Nazaret[3], considerando que desde su estancia allí se cumple el tiempo que determina el momento de su participación, de su inserción relevante en los planes salvíficos que Dios ha trazado para la humanidad. El evangelista san Lucas[4] nos habla de ella, ubicándola en ese lugar y de manera especial a partir

---

3   La población de Nazaret en el siglo I, en tiempos de Jesús ha sido estimada por diferentes fuentes entre 200 y 350 personas. Donde tiene lugar la Visitación y la Encarnación del Verbo.

4   Médico sirio, escribió su Evangelio por los años 70 d.C. San Pablo se refiere a él como el "médico amado" en Colosenses 4:14.

del acontecimiento de la Anunciación (Lc 1:26-38).

Así, pues, María tiene una procedencia y una temporalidad que se adhiere a la normalidad de la vida corriente de su pueblo, transcurrir tranquilo y sencillo en aquel ambiente provinciano o pueblerino dependiente de una cultura teocéntrica[5] y, por consiguiente, regidos en su diario vivir por las firmes creencias religiosas en el Dios de sus antepasados... Yahveh.

Han sido dieciocho siglos transcurridos desde Abraham, padre de la fe, a María, madre de la Iglesia; un mil ochocientos años de espera, tiempo en el cual, el pueblo de Israel ha venido construyendo sus propios acontecimientos, recorrido particular insertado en la historia de la humanidad.

Los hechos se han venido acumulando bajo la sombra bienhechora de Yahveh; su influencia ha sido determinante, de tal manera que las circunstancias y eventos del pueblo de Israel, llevan la huella indiscutible de la presencia de su Dios. Huella y mensaje de profundas enseñanzas, como la prolongada travesía por el desierto de Egipto (1250-1210 a.C.), el cruel destierro hacia las tierras babilónicas (587 a.C.), la toma de Jerusalén y sometimiento de la nación judía como posesión del imperio romano (63 a.C.).

Otras huellas dejaron un mensaje conductual o normativo, como los Diez Mandamientos o Decálogo recibidos por Moisés en el monte Sinaí (1230 a.C.), las visiones nocturnas entregadas al profeta Zacarías[6] revelándole el plan de Dios (520 a.C.).

Otras, en cambio, centraron su mensaje hacia la práctica e inclinación religiosa del pueblo: el sacrificio de Isaac (Gén 22), la Pascua o fiesta de la independencia de Israel (1250 a.C.), la

---

5   Dios es el centro de los principios y valores de dicha cultura.
6   Su nombre significa "Yahveh recuerda".

guerra santa de los Macabeos[7] (170-130 a.C.), iniciada en el pueblo de Modín a 28 km. de Jerusalén por el sacerdote Matatías y sus cinco hijos: Judas, Jonatán, Simón, Juan y Ebarán.

Además de los acontecimientos que han marcado el contenido de la historia, esta nos habla de hombres y mujeres cuya cercanía a Dios fue factor determinante para asumir la conducción de estos hechos, así como su participación activa en la preparación de la venida de Cristo.

- Moisés ejerciendo una sabia conducción del pueblo hebreo por tierras egipcias (Éxodo).

- Elías conduciendo a la superación la crisis de fe que sacudió al pueblo de Israel.

- Oseas, Amós, Miqueas e Isaías guiando y orientando al pueblo frente a las invasiones asirias.

- Juan Bautista presentando a Jesús como el que había de venir.

Algunos de ellos fueron conocidos como profetas mayores o menores, atendiendo a su capacidad de anuncio y denuncia desde la perspectiva de la extensión de sus profecías y libros. Entre los primeros tenemos a Isaías, Jeremías, Ezequiel, Baruc y Daniel, en tanto que existen doce reconocidos como profetas menores: Oseas, Abdías, Jonás, Miqueas, Nahúm, Sofonías, Ageo, Zacarías, Amós, Habacuc, Malaquías. Además, la presencia de algunas mujeres conocidas como profetisas: María, hermana de Moisés y Aarón; Débora, esposa de Lapidot y líder del pueblo israelita durante el período de los jueces en las regiones más empobrecidas de las tierras cananeas, y Ana la hija de Fanuel[8], que tuvo el privilegio de reconocer a Jesús como el Mesías.

---

7   Movimiento de liberación judío.

8   Pertenecía a la tribu de Aser, su nombre significa "cara de Dios" (Lc 2:36).

María

Setecientos veinte años a.C., uno de estos profetas llamado Isaías, joven proveniente de una noble familia del pueblo de Israel, había anunciado: *la Virgen está embarazada y da a luz un hijo varón a quien le pone el nombre de Emmanuel (Is 7:14)*. Profecía encarnada en la figura de María como anticipo y anuncio de lo que había de acontecer. Por lo tanto, su nombre y su silueta, plenamente habitando en la memoria de los cielos, no surge por casualidad ni por accidente de dirección en la venida y saludo del ángel. No, era desde siempre la criatura pensada, amada y destinada para dar cumplimiento a la nueva oportunidad de arrepentimiento y regreso del hombre a los regazos de su Creador... a la casa del Padre.

En consecuencia, Isaías responde a un mandato del cielo para comunicar a los hombres de su tiempo y de los tiempos posteriores, la disposición del Padre con relación a María. Profecía de varón escogido que, penetrando en el tiempo, se hizo voz, se hizo palabra y se hizo aliento para emerger de la boca del ángel inaugurando el amanecer de una nueva era, penetró en el espacio y se encarnó en aquel trozo de "cielo nuevo" para construir la tierra nueva: *Alégrate tú, la amada y favorecida; el Señor está contigo (Lc 1:28)*.

¡Cómo se habrán detenido las horas! En este momento sublime, en este silencio de fiesta que despojaron los oropeles de las pasiones mundanas, permitiendo que los ojos vieran y descubrieran su desnudez al estilo de Adán, al estilo de Eva, bajo el estigma de la salida bochornosa del paraíso (Gén 3:7-23). Fue el instante preciso en que los cielos se fundieron con la tierra, y que las mansiones celestiales adquirieron orgullosamente la estampa de "la casa de Nazaret". *¡Alégrate tú, María!*, el mensaje es certificado y viene para vos, trae dimensión de la profunda alegría que llena de gozo a los que ya conocen al Padre, y aún te agrega: *la amada y favorecida*; ¿en qué forma estarás grabada en los pensamientos y el corazón de quién es en esencia "la plenitud del amor"?, ¿qué fragmento de cielo podía haberse quedado?, si era el Padre mismo quien te visitaba y te lo decía a través del ángel... *El Señor está contigo.*

Era indudablemente la fase de transición entre un proyecto eternamente elaborado, y la puesta en marcha del mismo, hasta podríamos pensar que era la fiesta que celebraba tu paso de la niñez al ejercicio de ser mujer conforme las leyes de tu tiempo, habías cumplido los catorce o quince años, ¡bienaventurada!, porque ya Jesús podía habitar en tu vientre sin violentar las costumbres de tu pueblo.

En tanto, tus parientes, el pueblo y tu corazón, seguramente habían reflexionado ante la lectura individual y colectiva de este pasaje de Isaías, meditación en el silencio acogedor de sus hogares, en las oraciones familiares, en las lecturas y comentarios de la ley que fielmente acostumbraban todos los sábados en la sinagoga. Sin embargo, ¡pueblo judío!, descendientes de Abraham y de la antigua alianza, cuán lejos estaban tus sentidos y tus sentimientos para descubrir que el momento tantas veces esperado... ¡había llegado!; que el Mesías prometido tocaba y penetraba por las puertas de un pueblecito humilde, remoto, perdido en las superficies áridas de la recóndita Palestina[9] y cuya ubicación en los montes de la baja Galilea del siglo I, ni siquiera aparecía en los sofisticados mapas elaborados por los eficientes ingenieros del imperio en permanente actualización geográfica de todas las regiones que dependían del fiero dominio que imponía el estandarte del águila romana.

Era el cumplimiento de las escrituras, y con ello, la venida del Mesías a través del proceso natural del embarazo que involucra la presencia de María como madre. Sin embargo, niñita

---

9   Región de Asia, extensión 27 000 km cuadrados.

bella de Nazaret, virgencita eterna de Yahveh, considerando la intolerancia de la cultura radical de tu pueblo, tú no podías asumir ser madre todavía porque aún no eras esposa, tu condición socio afectiva era evidentemente de novia. Apenas tus "esponsales" o compromiso acaban de celebrarse, lo que comprende en las costumbres de tu pueblo que aún faltan casi doce meses para que se pueda celebrar el rito de la *conducción* o matrimonio; sin embargo, los tiempos se han cumplido, y la fiesta redentora que vibra emocionada en el ambiente demanda su comienzo, celebrando con cítaras, arpas, panderos, flautas y coros el instante irrepetible de la concepción inmaculada.

A lo mejor tú no lo entendiste escogida de Yahveh, porque... ¿cómo entenderlo?, si aún la generación que transitó contigo no alcanzó a percibir los destellos de la luz que por medio tuyo se entregaba al mundo. Nadie, desde las consideraciones absolutamente humanas, lo entendería; ni antes ni después. Así como hoy, luego de agotados más de dos mil años de haberse dado la presencia física de Jesús, del niño Dios que apretaron tus brazos, que balbucearon sus labios la caricia de tu nombre, a la gran mayoría se nos hace difícil entender y corresponder, y ante nuestra impotencia provocada por los falsos valores que priorizamos, nos refugiamos en la duda, negándolo con los labios, con los hechos, muchas veces auxiliados de pigmeos trozos de sabiduría humana, de vanidosas y "geniales" interpretaciones de la palabra, que van desde el extremo ofensivo de negar la intervención del Padre, hasta la pequeñez de rechazar maliciosamente a la amada y favorecida.

Pero es el mismo ángel quien se encarga de aclarar las cosas: *El Espíritu Santo descenderá sobre ti y el poder del Altísimo te cubrirá con su sombra; por eso tu hijo será Santo y con razón lo llamarán Hijo de Dios (Lc 1:35).*

En consecuencia, ¡qué ironía!, ¡qué irrespeto!, cuando pretendemos marginar a María de su sitial preferente como madre de Dios, la escogida por Dios y habitada de manera total por el

Espíritu Santo. Quién sabe si algún día, nosotros, que ostentosamente decimos y hasta juramos que somos creyentes, los que "fabricamos" religiones, inventamos interpretaciones, reglamentos celestiales, feudos eclesiales, poses santificantes y demás ropajes de apariencia, podríamos llegar a descubrir la experiencia de gozar una "fe del tamaño de un grano de mostaza" (Lc 17:6) si desde los inicios de la nueva alianza (venida de Jesucristo) desfiguramos el plan de Dios, buscamos e improvisamos nuevos profetas para que nos elaboren otros evangelios, convirtiéndonos, de esta manera, en fiel semejanza de los pueblos paganos de antes, mucho antes, y de hoy.

La anticipación del reino... en una niña

Considerando la grandeza de aquel momento tan especial, donde la materia y el espíritu como fruto del amor del Padre recibían como regalo el regocijo de la presencia del reino; es que el contenido vivencial del *Padre Nuestro... (Mt 6:9-13)* hoy, encarna una dimensión tal que su entonación se convierte en celebración permanente, jubilosa y comprometida con las tareas de la salvación. Después de Nazaret y a partir de las palabras del ángel: *El Espíritu Santo descenderá sobre ti y el poder del Altísimo te cubrirá con su sombra (Lc 1:35)*, el *venga a nosotros tu reino* es la expresión sencilla que manifiesta una súplica, un anhelo, una esperanza, pero, a la vez, es el sí de un compromiso y una misión que tiene como modelo el sí y la vida de María de Yahveh.

Mientras tanto, los elementos que conforman el contenido de la Anunciación, continúan profundizando su marcha hacia la consecución de los planes concebidos por el Padre, planes de redención hacia los hombres como fruto de la misericordia y el amor del cielo.

Pero, de acuerdo al significado y trascendencia de lo que estaba sucediendo en aquel pequeño rincón del mundo; ¿quién de nosotros?, para el crecimiento de su propia fe, podría imaginar la vitalidad de aquel momento, el palpitar inquieto y primoroso de la insignificante Nazaret, geografía humilde convertida en la ciudad capital del cielo y de la tierra, sede engalanada por el amor para la cumbre programada por los siglos de los siglos, y... aquella casita humilde que cobijaba las virtudes de María, convertida por la presencia divina en catedral santificada, por sobre el templo construido por Salomón (970 a.C.), el templo reconstruido de Jerusalén (39 a.C.) y tantas sinagogas dedicadas al culto de Yahveh.

El encuentro de Nazaret fue sin lugar a dudas el momento de la cita familiar, a la hora convenida y en el lugar escogido para celebrar el "primero y más importante de todos los concilios". Muchos años después el Espíritu Santo continuaría provocando el modelo, y surgiría el concilio de Jerusalén (49 d.C.), el de Arles Francia (314 d.C.), de Nicea (325 d.C.), Éfeso (431 d.C.), Trento (1545-1563 d.C.)[10] y tantos otros que, tratando de descubrir la voluntad del Padre para discernir la misión encomendada, han iluminado las sendas para que la humanidad transite en su constante peregrinar hacia la tierra prometida.

Por lo tanto, María, aunque tu humildad no lo conciba ni tu sencillez lo advierta, no debe causarte asombro el abrazo y la natural cercanía de la majestuosidad del cielo, no debe extrañarte la alegría y disposición con que te saluda el ángel, ¡no!, ¡María de Nazaret!, nada de lo que sucede en la celebración de esta fiesta entre la tierra y el cielo debiese ser motivo para causar confusión ni en tu tiempo, ni en el nuestro, ni en los que falten, ya que tu nombre santo, tu figura y tu vida constituyen el regocijo, el encanto con que se ha moldeado la nueva esperanza, esperanza de redención que habrá de cobijar a partir de la Anunciación a todas las criaturas del universo.

---

10 Asamblea de obispos, que tratan aspectos de doctrina y disciplina eclesial.

No te extrañe, María de Yahveh, que desde entonces y desde antes tu nombre esté inscrito como referencia de abundantes profecías, como orientación y acompañamiento en los múltiples eventos que han venido conformando el proceso inacabado de la historia salvífica de los pueblos. No te extrañe, María de Yahveh, que las letras de tu nombre iluminen el quehacer y las citas importantes de la Iglesia, que iluminen con profunda intensidad los pensamientos y corazones de todos y cada uno de los creyentes que han confiado y celebrado las palabras del ángel.

Con cuánta razón y emoción el papa Juan Pablo II, recordando las palabras del ángel Gabriel en la homilía del 27 de enero de 1979, en la Basílica de Nuestra Señora de Guadalupe, exclamaba emocionado junto al pueblo: *Ave María, gratia plena, Dominus Tecum...*[11], en ocasión de la solemne celebración con los participantes a la III Conferencia General del Episcopado Latinoamericano[12].

Por lo tanto, María, señora del Tepeyac[13]; ante la magnitud de la presencia y la voz acariciante con que te obsequiaba el ángel, solo cabe preguntarnos en el silencio de nuestra más profunda admiración y reverencia, ¿cómo te habrás sentido, reina de Latinoamérica y el mundo, en aquella inmensidad de amor incontenible?

¡Ah!, si el cielo y vos, María de Yahveh, quisieran regalarnos la visión de aquel instante excepcional que aprisionó tus sueños; de llevarnos en el tiempo... hacia tu tiempo, para ser testigos "presenciales" del instante feliz de aquel encuentro. ¡Cuántas

---

11   *Dios te salve María, llena eres de Gracia, el Señor está contigo...*
12   Conferencia de Puebla, México.
13   Lugar en México donde la Virgen de Guadalupe se le aparece a Juan Diego Cuauhtlatoatzin en diciembre de 1531.

cosas más conoceríamos!, centinela de la vida eterna, ofrendante permanente de plegarias y palabras de amor dirigidas a tu Dios en el santuario.

Muchachita

Muchachita primorosa de ojitos encendidos,
piececitos diminutos y quizás hasta descalzos,
dientecitos miniaturas, casi de leche,
invitada permanente a las piñatas
con caramelos de pobreza.
Tus muñecas, si acaso las tuviste,
se quedaron esperando el calor,
y las caricias de tu pecho.
Y... tu cuerpecito aún en desarrollo
expresando en su fragilidad e inocencia,
que aún faltaba tiempo
para que tus oídos pudieran comprender...
proyectados en el tiempo
las palabras de Jesús: *Mujer, ¿cómo se te ocurre?,
todavía no ha llegado mi hora (Jn 2:4).*

(EMILIO)

Mientras el tiempo de la presencia del ángel se agotaba, la misericordia redentora penetraba de manera simultánea al mundo, entregándose a los hombres desde aquel vientre bendito con dimensión de cielo.

Era la escogencia complacida del Verbo[14], la voluntad del mismo Dios por habitar entre nosotros, era la expresión visible del eterno suspirar del Padre, en su infinita aspiración por cobijar a

---

14 Jesús es el Verbo, la palabra de Dios.

todos los hombres bajo el mismo manto de la salvación eterna. Sin embargo, a pesar de que la esplendidez del amor se hacía presente entre nosotros, la humanidad continuaba indiferente en la marcha equivocada hacia su propia decadencia, en su enfermiza experiencia del pecado, en la práctica colectiva que extremaba el disfrute de la vida placentera.

Entre tanto, el rechazo y la muerte dada a los profetas en el continuo recorrido de la historia, convertían los hechos y actitudes de los hombres en una inconsciencia que clamaba al cielo. Era imprescindible y oportuna la venida del Mesías prometido, la situación socio-política y religiosa de las estructuras y del pueblo presentaban una imagen sumamente disminuida, lastimosa en cuanto al deterioro del futuro temporal y trascendente.

En consecuencia, las circunstancias no envidiables de aquel pueblo demandaban, entre otros, el consumo acelerado de tu tiempo, tiempo de preparación, en el cual iba implícita la renuncia a las vivencias "normales"; quizás hasta a los juegos juveniles que, por efectos de la edad, aún guardaban escondidos tus catorce, quince años y quizás algunos meses más. A lo mejor se anticipó la hora para que las tinieblas no cubrieran totalmente las conciencias y tuviste que acudir a la cita que partiría la historia en un "antes" y un "después".

Lamentablemente, nadie te pudo acompañar en este encuentro que marcaba el comienzo de una nueva historia. La soledad en que acudiste frente al cielo era fiel reflejo de la ligereza con que el pueblo asumía las promesas. Los entendidos, los sabios, los maestros de la ley y aun los sacerdotes predicaban visiblemente a su manera, interpretaciones extraídas del arameo, o lengua del país de Aram[15], como sustituto del hebreo

---

15 Ubicado donde es hoy la ciudad de Alepo en el centro de Siria.

bíblico, el cual yacía relegado como instrumento de comunicación oral y escrito, casi olvidado por la práctica judía desde muchos años antes del destierro babilónico a 900 km. al este de Jerusalén (siglo IV a.C.). Además, la pobreza en el discernimiento y fidelidad a las verdades proclamadas los condujo a someter al pueblo a una experiencia rutinaria, vacía, soportada básicamente en la apariencia de las exterioridades y en el cumplimiento formal de ritos y costumbres, exterioridades que afectaron la autenticidad del sistema socio-religioso del pueblo hebreo.

Ante estas circunstancias, era apenas lógico que los hombres acentuaran su sordera y su ceguera, que adulteraran el comportamiento debido y esperado con relación al compromiso adquirido por Abraham, el padre de la fe al constituir la antigua alianza (1800 años a.C.). Por lo tanto, la indiferencia y vacío de principios y valores auténticos mutiló la capacidad de percepción, obediencia y lealtad, motivando con ello la institucionalización social de los niveles de tolerancia, criterios y prácticas farisaicas que condujeron al pueblo a un despeñadero moral de imprevisibles consecuencias.

Por consiguiente, el buen juicio se ausentó y los hombres "bendijeron" como buenas las obras que surgían de sus manos. El *status quo* del mal y la desvergüenza adquirió dominio relevante, y los actos reprochables presentaron características de normalidad en el pueblo.

En consecuencia, el ladrón siguió robando descarada o elegantemente, pero vistiéndose con sedas del Oriente, el poderoso siguió oprimiendo y ostentando títulos y tratamientos honorables, los jueces y entendidos en las leyes siguieron "con justicia"… impartiendo la injusticia, el criminal siguió cegando con impudicia y deshonor la vida, el usurero engordando su avaricia y comprando comodidades con ganancias injustas, manchadas con el sudor y la sangre de los *desesperados y pobres cada vez más pobres*[16]; la religiosidad siguió profundizando su pecado bajo el incienso idolátrico, convirtiéndose en "cultura" la escogencia de dioses, de acuerdo a gustos, intereses y preferencias.

Ante la indiferencia y evidente ausencia de los hombres, en la marcha continua de los hechos que fueron marcando la ruta del encuentro de Nazaret; la generación de aquel tiempo y las generaciones posteriores perdieron autoridad y protagonismo, de manera que su presencia y su voz yacen postradas en los laberintos de la despersonalización.

Las circunstancias descritas invalidaron la credibilidad para poder atestiguar que a la costumbre de la "conducción humana"[17] se anticipaba la solemne ceremonia de la "conducción divina"; era, por así decirlo, la ausencia de los invitados al banquete de los esponsales o promesa solemne entre el Padre y María a través del Espíritu Santo; entre el cielo y la tierra, a través del beso entre el alfa y el omega y un pedacito de tierra llamado Nazaret; era, además, la "no presencia" o eternidad ante la majestuosidad que consagraba el linaje de una nueva estirpe, de una nueva familia, de una nueva dimensión que consolidaba la hermandad entre los ángeles y los hombres.

Y dicho fue y escrito quedó: *El Espíritu Santo descenderá sobre ti y el poder del Altísimo te cubrirá con su sombra; por eso tu hijo será santo y con razón lo llamarán Hijo de Dios (Lc 1:35).*

Toda la humanidad e interioridad de María, debió haber sido transformada en este instante de fiesta en que, bajo la influencia del Espíritu Santo, hasta la última célula y sentimiento vibró de manera diferente, "adquirió conciencia" de la nueva y trascendental misión que se encargaba a un cuerpo o estructu-

---

16   Documento de Puebla 2.2; Job 24:9; Job 24:2.
17   Referido al matrimonio.

ra biológica para el cumplimiento de sus naturales menesteres. Un nuevo sentido adquirió la creación de la materia asignada a la figura de aquel cuerpo, sentido de existencia temporal y trascendente, experiencia de totalidad, felicidad en el abandono que conduce al éxtasis o embriaguez del alma ante la presencia divina.

Y... el Espíritu Santo, el Padre y el Hijo en su eternidad, se regocijaron ante la presencia humilde y tierna de aquella frágil figura, inocente y abandonada al "amor de sus amores", abrieron nuevos horizontes a su mente, acariciaron su corazón y, posesionándose de sus entrañas, quedó depositado en su vientre lo más preciado del Padre: "el don bajado del cielo".

Fue el momento sublime en que la vivencia y el lenguaje celestial adquirió la dimensión de lo humanamente evidente, de la razón y la lógica que sustentan la filosofía y la ciencia, de la asignación de parámetros para determinar un tiempo y un espacio en aquel destino inmortal de la vida en abundancia. Fue el momento de la reducción universal, de la simplicidad que revelaba lo misterioso, lo complejo, lo indescifrable. Fue a lo mejor el momento del *big bang*[18] *o estallido galáctico*, que penetraba en el corazón y la mente, posibilitando de alguna forma el que lo temporal se fundiera con lo eterno.

A pesar de...

El feliz momento de la Anunciación constituía la cúspide de toda una serie de manifestaciones acumuladas al paso de los siglos y que expresaban de manera abundante la voluntad salvífica del Creador. En cambio, la conducta sumamente incomprensiva e indiferente de aquel pueblo rechazaba repetidamente con actitudes groseras e hirientes las cariñosas expresiones

---

18   Teoría cosmológica sobre el origen y expansión del universo.

del amor, los insistentes esfuerzos por recuperar al menos la atención serena y reflexiva de los hombres.

Sin embargo, ante tanta sed divina, de tanto corazón y búsqueda por encontrar y cobijar a todos los hombres bajo el mismo techo eterno, estos continuaron en su marcha enfurecida, en su correr desbocado hacia horizontes señalados por sus propios intereses y sentidos, en su terquedad por la construcción de un mundo enteramente gobernado por sus propias ambiciones e instintos.

Fue una lástima que aquel maravilloso sueño del Edén, se hubiese convertido en el agotar de las centurias, en una "bonita" referencia del origen gozoso de la especie humana. Sin embargo, los hombres maliciosamente cegados por la luz continuaron saboreando la experiencia rutinaria como práctica inspirada en el mal que ha multiplicado el llanto por doquier.

Pareciera que a tanta destrucción moral aún no le bastan los miles de años transcurridos bajo la sombra de la vergüenza, del enanismo espiritual que dejan al desnudo las mentiras y apariencias con que se disminuye la vida, vida material transitoria, pero también vida espiritual que trasciende.

Han sido miles de años construyendo el pedestal que ha soportado el endiosamiento de la raza humana, del trabajo inconsciente y tesonero, por querer convertir los seis días de trabajo que implicó la creación, más el día de descanso (Gén 1:31; 2:2), en una labor estéril; y así, una y otra vez, al *hagamos al hombre a nuestra imagen y semejanza… (Gén 1:26)* fue respondido por este con un: *hagamos a Dios a nuestra imagen y semejanza.* Y toda la creación fue repartida de manera diferente, como vos… Yahveh de los ejércitos lo ordenaste (Gén 1:29-30); hijos con hijos, pueblos con pueblos y generación con generación, cambiaron el orden de los valores y tu creación tuvo dueños, unos más, otros menos, otros nada; y surgieron como fruto de la iniquidad, los "hermanos" mayores, los menores, los legítimos y los naturales, los calzados y los descalzos, los señores y los vasallos.

¡Cuánto dolor habrás soportado, Padre Santo!; el hombre cediendo a las múltiples formas con que se disfraza la tentación que conduce a la infidelidad. El hombre cediendo al mal como expresión natural de la cuna que arrulla el surgimiento de los maléficos Caínes (Gén 4:8-10), y, como consecuencia, el hombre moldeando a su entera satisfacción y conveniencia… su propio reino, reino de oscuridad y de luto que lo conduce a la extinción por el diluvio (Gén 7:17, 22-23).

Exageración auto idolátrica, desbordada en la altiva y arrogante construcción de la torre de Babel[19], cuyo fin era alcanzar el trono de Dios (Gén 11:4). Paganismo loco y delirante, cuya radical expresión se exterioriza en la adopción de cultos y besos al dios cananeo Baal[20]. Prácticas escandalosas en su contubernio habitual con el pecado, idilio de perdición, llevado a su máxima locura en la corrupción irrefrenable de los hombres y mujeres que habitaron las ciudades de Sodoma y Gomorra (Gén 19).

Cuánta historia edificada sobre las ruinas resultantes por la degeneración progresiva de los hombres, ruinas opresoras, que se convirtieron en reflejo fiel del dolor y la angustia acumulada en el transcurrir milenario de la vida de esos pueblos. Sin embargo, entre más recalcitrante y rebelde ha sido la conducta de los hombres en su abrazo con el mal, infinitamente mayor ha sido el precio que el supremo Creador ha venido ofrendando para propiciar el preciado retorno de su pueblo. Cuánto mayor

---

19   Nombre hebreo bíblico que corresponde a la ciudad de Babilonia.
20   Referido al dios pagano adorado en diferentes regiones como Canaán y Fenicia (Jueces 3:7; 1 Reyes 16:31-33; 2 Crónicas 28:1-2).

ha sido la magnitud y frecuencia de las faltas, infinitamente mayor ha sido la misericordia que ha movido la voluntad para extenderle su mano salvadora.

Y así llegamos al final de los tiempos que enmarcaron las bondades de la antigua alianza. La realidad temporal por su estado de cosas era diferente a los deseos del cielo, y... ya no bastaron todas las advertencias y sueños de los profetas, entre ellos: Elías, Eliseo, Sofonías, Habacuc, Amós y Oseas, así como los regaños y consejos que motivaron la preocupación de los buenos hombres, ¡no!, fue necesaria, urgente e imprescindible, la presencia plena y absoluta del amor en toda su magnificencia, es decir, la presencia del Dios mismo.

Así lo dispuso el cielo

En tanto en el silencio de Nazaret, arropado por la presencia del amor, se encontraban presentes los silencios de Siquem[21] y de Mambré[22] en la tierra de Canaán, de Moriah[23], de Betel[24], del cerro de Horeb[25] y el monte Sinaí.[26]

Era en esta oportunidad, como si en la visita a María los siglos agotados se hubiesen compactado, adquiriendo presencia y recobrando vida los patriarcas y profetas: Abraham, Isaac, Jacob, Moisés... y, como si en las palabras del ángel, hubiese un eco suspendido en el espacio que confirmara la palabra, repitiendo lo cumplido:

---

21 Lugar sagrado entregado por Dios a Abraham.
22 Asentamiento de Abraham luego de su separación de su hermano Lot.
23 Región donde iba a ser sacrificado Isaac por su padre Abraham.
24 Parte del lugar sagrado entregado a Abraham.
25 Cerro donde se le apareció Dios a Moisés por primera vez.
26 Lugar donde Dios entrega los diez mandamientos al pueblo de Israel.

- Esta tierra se la daré a tu descendencia... (A Abraham, 1800 años a.C.).

- Porque obedeciste a mi voz, yo bendeciré, por medio de tus descendientes, a todos los pueblos de la tierra... (A Abraham).

- ... Te daré a ti y a tus descendientes la tierra en que descansas, tus descendientes serán numerosos... (A Jacob, 1740 años a.C.).

- Toda mi bondad va a pasar delante de ti y yo pronunciaré ante ti el nombre de Yahveh. Pues tengo piedad de quien quiero y doy mis favores a quien los quiero dar (a Moisés, 1 230 años a.C.).

Sin embargo, a pesar de la grandeza con que Dios privilegió a su pueblo y, particularmente, a sus enviados, es con mucha deferencia a María, a quien el Padre entrega a través del ángel la promesa más sublime, promesa total, absolutamente envolvente: *Será grande y con razón lo llamarán Hijo del Altísimo (Lc 1:32)*.

Por eso y por mucho más... María, tu galardón es inigualable, especial, irrepetible... ¡es incomparable! De seguro, todos los profetas desde el lugar de su descanso eterno, habrán repetido tu nombre con especial dedicación, con amorosa reverencia; y... ¡cómo no hacerlo!, si desde el sitio donde reposan en las mansiones del Padre conocen la magnitud y trascendencia del evento que involucra a los cielos y la tierra. Las promesas dadas a ellos son promesas de protección, de guía, de posesión, cuyo destinatario final es el pueblo escogido y favorecido por la misericordia y el amor del cielo, en cambio, con María, se da la presencia plena del misterio de Dios: Padre, Hijo y Espíritu Santo.

En consecuencia, el anuncio jubiloso del ángel se constituye como proclama divina para todos los tiempos y confines del universo de que la presencia trinitaria ante María es la fiesta que celebra la inserción histórica del "hijo del hombre", inserción temporal enmarcada en la omnipresencia eterna, para señalar el camino que conduce hacia una nueva humanidad, nueva en su rostro, su corazón y su mente, de manera que transformándose en criatura nueva, pueda salir triunfante ante los ataques de las fuerzas que conducen a la comisión del pecado individual, colectivo e institucionalizado.

Es por eso que desde la bendita Anunciación se descubren los destellos de la misión redentora, fruto de la sobreabundancia de la gracia que fluye de la misericordia y el amor del Padre. Cariño especial que se encarna en el corazón de María, habitando en el silencio de aquel cuerpo: escuchando, meditando, observando, esperando el momento escogido por el cielo, para entregar a los hombres la verdad y la vida, señalándoles el camino.

Eran las primicias que anunciaban con claridad a los limpios de corazón que la propuesta de un nuevo reino ya habitaba entre nosotros, eran los comienzos felices que entregaban los destellos de un nuevo amanecer, de una nueva esperanza sustentada en la construcción de aquel futuro promisorio contemplado por el Padre; era apenas el nacer de los fulgores, de las pinceladas de cielo que acompañarían por siempre la concretización de la promesa.

Pero, mientras tanto, mientras debe continuar la reflexión sobre el instante que comprende la Anunciación, el proceso de profundización de aquel encuentro continúa su marcha inexorable, recorrido impostergable, hacia la presentación y consumación de aquel instante.

Entre tanto, las primeras palabras pronunciadas por el emisario de los cielos deben haber causado, por cierto, una profunda impresión en los sentimientos y el entendimiento de María, sorpresa impactante, asombro transitorio que aún no acierta a comprender en toda su "inexplicable" dimensión el significado y profundidad de aquel lenguaje divino. Sin embargo, el desarrollo sobrenatural de los hechos comprende la continuidad del mensaje, cuyo portador había expresado con profunda convicción y gozo: *Será grande y con razón lo llamarán Hijo del Altísimo… (Lc 1:32).*

Hasta este momento, inicial o intermedio, pero que aún no marca el final de aquel encuentro, ¿qué estaría pensando María?, ¿cómo se sentiría ante la presencia de un ser que obedecía y caminaba bajo los dictados del Padre y cuyo reino no era de este mundo? Imaginémoslo por un instante, una criatura tierna de trece o catorce años quizás, de pronto, en la más completa soledad, desprovista de toda protección humana, de toda orientación, sin tener a quien recurrir para pedir un consejo, una explicación que facilite la toma de una decisión tan importante, momento de decisión que involucra de manera irreversible un cambio sustancial en ella y sus circunstancias. Pero también, ¿cómo hacer o qué hacer para que los demás puedan entender y aceptar sin que la duda mortifique la inocencia y la autoestima de María?

Cuánta importancia adquirió la respuesta de José ante la aceptación de los designios de lo alto, la confiada actitud asumida por sus padres, Ana y Joaquín, la naturalidad observada por las niñas y los niños de aquel pueblo, la prudencia de los pocos adultos que sin tener la certeza a lo mejor percibieron "algo diferente" en el nuevo ambiente que envolvía a María, pero, sobre todo, la tranquila y normal vivencia diaria de los principios y valores culturales y religiosos de aquel pueblo, experiencia que no experimentó sobresaltos ni señales que alteraran la práctica cotidiana de las tareas y deberes, de las relaciones fraternas cultivadas desde la perspectiva de la sencillez provinciana.

Todo lo vivido hasta el instante en que aparece el emisario de los cielos forma parte de un pasado, de un antes, cuyos fundamentos se han venido soportando en un estilo de vida sumamente sencillo, previsible conforme a las costumbres de aquel pueblo absolutamente confiado en el abandono que surge de la fe y la voluntad para ponerse en las manos de Dios, una forma de vida o *modus vivendi* saturado de fidelidad y generosa espera, comportamiento rutinario que ha presentado ante los pobladores de la pequeña Nazaret, características de familia entregada y temerosa de su Dios.

Pero, como suele suceder en todo proceso de la realidad humana, el desarrollo dinámico de la salvación avanza indetenible, respetando la individualidad y decisión del hombre sin violentar su libertad. Durante el agotar de los miles de años que han conformado su historia, el pueblo hebreo, constructor y dependiente de un modelo de gobierno teocrático, a cuya autoridad le atribuían procedencia divina, ha venido clamando y esperando incesantemente la presencia del Mesías, del Salvador, que vendría a restaurar por siempre la relación Dios-hombre, y, por consiguiente, a liberar de todas sus cadenas a la nación judía.

María también vive estas esperanzas, conoce las escrituras, y en su mente y su corazón están grabadas las promesas del que habría de ser enviado para gloria y redención de su pueblo.

Por ello, es de suponer que el acontecimiento que anuncia y asume la venida de Jesús constituye para María la confirmación visible de su más bella esperanza. Sin embargo, a pesar de tan adorable espera, ¿cómo pensar que aquella excepcional promesa requeriría del concurso de ella?, ¿por qué tendría que ser así?, ¿y por qué precisamente ella?, si a lo mejor el cielo con toda su omnipotencia podría haber escogido a alguien diferente que gozase a lo mejor de una mayor importancia entre los hombres, quizás por su profunda preparación en las ciencias y las artes, por su envidiable condición social entre las clases de aquel tiempo, o por ser notada y admirada en las ciudades y cortes más importantes de la tierra; o, como factor de mucha consideración, haber tomado como punto de referencia y selección a la vez la aprobación soportada en la lógica y sabiduría que sustentan los criterios humanos.

¡Pero no!, el cielo no se orientó conforme los valores fruto de la inteligencia humana ni con los criterios que avalaban el comportamiento de los hombres; simple y sencillamente... lo dispuso así y, por lo tanto, ante los juicios de la historia es a María a quien corresponde la escogencia del cielo. Siendo así que su presencia en el lugar y tiempo convocado por Dios desde antes que los tiempos fueran no es más que la consecuencia de una inserción ya alcanzada también desde antes que todas las cosas fueran.

Por consiguiente, la participación y dimensión de María es decisión del Padre y, por lo tanto, no está expuesta ni sujeta en ningún momento a la consideración de lo que quieran pensar, interpretar o aceptar los hombres. Nada más démonos cuenta de que así le pareció al cielo.

Considerando nuevamente el desarrollo de lo que estaba aconteciendo en Nazaret, en donde el diálogo entre el ángel y la niña de Nazaret continuaba imprimiéndole a aquel ambiente una presencia de inmensidad, la figura de María resaltaba tiernamente en aquel espacio, espacio desocupado, espacio solo y vacío... de hombres y de mujeres.

Seguramente bajo las circunstancias descritas, la aparición repentina del ángel tuvo que causar un profundo asombro en la humanidad de María, dulce e inexplicable asombro en su corazón, manifestado en el vibrar de sus palabras y sentimientos ante el enviado del Padre. Este, a su vez, percibiendo la docilidad y entrega de la respuesta que venía... que corría, conmovido tuvo que añadir: *No temas, María*, como una forma de tranquilizar y potenciar en ese instante, el destino y la vocación que sustentaban la presencia de María en el mundo, era quizás la forma de expresar su satisfacción y cariño hacia la ilusión con que el Padre soñó, para moldear el cuerpecito que serviría de cuna y sagrario de quien en vida no tendría donde reclinar su cabeza.

No temas, María debió haber sido dicho con lágrimas de emoción en los ojos del ángel. Momento sublime que mereció la mirada por donde se escapaban los sentimientos del cielo, emoción celeste, que expresaba su profunda admiración ante la presencia humilde y sencilla del templo donde moraría el nuevo Adán (1Co 15:45; Rom 5:16-17), el sacrificio viviente, el tributo de amor pagado con creces para posibilitar la vivencia de la gracia.

Vas a quedar embarazada y darás a luz un hijo, elección sublime del cielo para depositar a su hijo en aquel sagrario santo. Es natural que algún día tendrías que vivir la experiencia de los nueve meses que anteceden al hecho de ser madre, pero... ¿quién se habría imaginado que tendría que ser de esta manera? Lo normal, lo lógico, lo esperado conforme a los acuerdos familiares, las costumbres e incluso las leyes naturales apuntaban a que el tiempo estaba cerca, más temprano que tarde te dirían a semejanza de María de Cleofás, posiblemente "María de José", o quizás más adelante, "María de Jesús".

Pero, en tu caso, María de Yahveh, no tendrás la oportunidad de vivir la experiencia de mujer, a la manera de Isabel, a la manera más natural del mundo; ¡no!, después de ser arrullada por las palabras especiales del ángel, después de haber sido encontrada llena de gracia y de haber sido el vaso comunicante entre Dios y el mundo, después de haber sido recorrida y saturada por el Espíritu Santo, pasaste a formar parte de la familia divina, ciudadana natural del cielo y de la tierra, protagonista en los planes de la salvación que con siglos de anticipación se habían forjado y que perdurarían hasta la consumación de los siglos.

Por eso, María, conociendo que jamás se te ocurrió reclamar ninguna preferencia que significara relevancia o privilegio ante Dios y ante los hombres, sería una ingratitud propia de los corazones de piedra, el negar o pretender disminuir la presencia que tenés y que tendrás por siempre en los cielos y en la tierra. ¡No, María!, esto no puede ser, porque además sería un grave pecado y una ofensa a los sentimientos de la humanidad sembrar y fomentar la duda, querer arrancar del corazón de los creyentes el culto de especial veneración y de amorosa filiación que hoy te guardan la inmensa mayoría de los cristianos militantes.

Por todo esto y por mucho más, por lo que ya ha pasado y por lo que aún vendrá, tu figura majestuosa y sencilla, tendrá que presidir el lugar que indiscutiblemente corresponde a la verdadera madre y señora de todos los creyentes.

También, te fue dicho refiriéndose al que vendrá: *será grande*, pero bajo los criterios de una grandeza diferente a la entendida por los hombres, absolutamente diferente, no al estilo del mundo que arrebata, atropella, manda, sino al estilo del universo que en lenguaje silencioso nos habla de quietud, de la no existencia de pasiones que tiendan a poner fin a lo creado, de la no pertenencia a la muerte como paso obligado e insustituible para poder aspirar a la vida eterna.

Imagínate, bella doncella de los cielos, a tus trece, catorce o quince años, ¿qué puedes saber del mundo y de la vida?, ¿cómo puedes entender las cosas más sencillas de lo eterno?, si aún los hechos que rodean tu existencia presentan niveles de misterio. Todavía con seguridad no asimilas el *vas a quedar embarazada* ¿cómo entenderlo?, ¿cómo asimilarlo?, si tu cuerpecito aún en desarrollo expresa a gritos la virtud de la inocencia, pregonando con su tierna adolescencia que aún faltaba tiempo para que en tu vida se pudiese incorporar el lenguaje corriente de los hechos diarios, práctica y palabra como forma natural que acumula la experiencia de los seres ya adultos. Y, sin embargo, de manera apresurada tenés que entender e incorporar en tu vida que serás madre por designio de lo alto y no como consecuencia normal de tu concertado matrimonio.

Por lo tanto, independientemente de cualquier consideración que exprese la sabiduría humana, no existe comparación alguna en toda la historia de alianzas que Elohim[27] estableció con su pueblo a través de los profetas; jamás criatura alguna concibió sin el concurso biológico de la paternidad humana; jamás criatura alguna llevó en su vientre en calidad de hijo a la segunda persona del único Dios verdadero y trinitario: Padre, Hijo y Espíritu Santo.

En María, se sintetizan las amonestaciones, visitas y preocupaciones de Yahveh[28] por la conducta y el destino de su obra más querida: el hombre. Hasta el momento, en lo que podríamos llamar la antigua alianza[29] contenida en el antiguo testamento. Dios-Padre se ha presentado, manifestado y actuado preferentemente a través de los acontecimientos naturales, de hombres y mujeres a quienes ha encomendado la misión específica de transmitir su voluntad, su guía, su amor de Padre, para que de esta manera el hombre, conociendo plenamente su procedencia y destino, se sintiese llamado y reconfortado para conducir su vida por caminos de rectitud, obediencia y dependencia absoluta hacia su Dios.

---

27 Palabra hebrea que indica el plural de majestad, el Dios fuerte y poderoso, referido al Dios de Israel (Det 10:17; Sal 68; Gén 33:20; Mc 13:19-20).

28 "Yo soy el que soy". Nombre dado por Dios con relación a el mismo" (Éx 3:14).

29 Con Abraham 1 800 a.C a quien promete la tierra de Canaán a cambio de la fidelidad de Israel como su pueblo. Pacto renovado con Moisés en el Sinaí (1 230 a.C. bajo el signo del Arca de la Alianza que contenía las tablas de los diez mandamientos).

Las condiciones estaban dadas

Sin embargo, todos los esfuerzos emprendidos por el cielo… no han bastado y cada día con su noche se fue agotando, muriendo en el tenebroso empeño de los pueblos por alejarse de la mirada de quien les regalaba su propio tiempo. El mundo se fue ensanchando y multiplicando los frutos de los hombres, frutos de perdición que confundieron su mente y endurecieron su corazón.

La insensatez fue destruyendo los espacios de lo que pudo haber sido su mejor conveniencia, y así, entre convulsiones de angustia agitándose en una constelación de errores, se fue paulatinamente apartando, rechazando y renegando de su propio origen y destino, y en la medida en que su inteligencia y sabiduría naufragaba en los linderos de la demencia, su temeridad le confinaba a la triste escena de ser carcelero de sí mismo, verdugo implacable de su propio pueblo, destructor despiadado de su propio mundo.

Breve locura existencial de la criatura transitoria, de la criatura indefensa ante su propia tumba: el hombre que, perdido en la red de su propio desenfreno, quiso "entregarle a Dios lo que era del César y darle al César lo que era de Dios". Triste protagonismo, pero también ridícula pretensión, cuando en su desmedido afán por adulterar las entrañas de la verdad, se autoerige en intérprete "infalible" entre lo que viene de Dios y lo que escasamente viene de él.

Desde esta realidad desesperadamente incierta, se alimentan las hambrientas esperanzas que aún guardan entre suspiros los escasos centinelas que escudriñan en la noche, noches de danza y de carnaval que mutilan los sueños y configuran las evidencias que le enfrentan a su Dios. Sin embargo, a pesar del desenfreno que amamanta las pasiones de los hombres, siempre queda al final, allá al final de la noche fría, un rescoldito de luz refugiado en las conciencias.

¡Vaya mi Dios a saber!, ¿cómo conoce tanto?, ¡cómo se preo-
cupa en demasía por rescatar de su propio torbellino a la misma humanidad, por ayudarle a reencontrar la senda confundida hacia el disfrute del bien! Los medios e instrumentos de
aproximación al hombre, han sido múltiples y variados, pero de
manera privilegiada han prevalecido las voces de patriarcas[30] y
profetas[31].

Sin embargo, a pesar de la fuerza irresistible del amor, el hombre siguió profundizando el camino de sufrimiento, conde-
nación y muerte que le valió su expulsión del Paraíso, su casi
exterminio como efecto del diluvio que durante cuarenta días
con sus noches borró de la faz de la tierra toda señal de ser
viviente, a excepción de los huéspedes escogidos en el arca de
Noé (Gén 7); la lluvia de azufre y fuego sobre la vegetación y
habitantes de Sodoma y Gomorra[32], incluidos sus contornos
(1760 a.C.), los cuatrocientos años de cautiverio produciendo
ladrillos y esclavos para el servicio del faraón y la grandeza del
imperio egipcio (1630-1230 a.C.), y por último, los aecciona-
dores cuarenta años con sus días y sus noches, en que el pueblo
israelita fue inquilino obligado del desierto de Neguev, como
fruto de las múltiples rebeliones manifestadas continuamente
en el camino de liberación entre Egipto y la tierra prometida
de Canaán (1230-1190 a.C.).

Con todo este expediente de la formación y experiencia del
hombre ilustrado en los afanes que institucionalizaron la cultura
del llanto, cultura de muerte, trasmitida y enriquecida de gene-

---

30 Pastores nómadas estrechamente unidos a Dios.
31 Del hebreo, "Nabies" acepción de mensajeros, portavoz,
    intermediarios entre Dios y los hombres.
32 Ciudades que por su corrupción merecieron ser destruidas "bajo
    lluvia de azufre y fuego" por la ira de Yahveh (Gén 13:13; 18:20;
    19:24-25; Det 32:32; Is 1:10; Ez 16:49-50; Mt 11:23-24; Judas 7).

ración en generación bajo la sombra de la siempre viva serpiente del Edén. *¡Que los muertos revivan! ¡Que los cadáveres resuciten! Despierten y den gritos de júbilo todos ustedes, que yacen en el polvo… (Is 26:19).*

Por lo tanto, el acontecimiento de la anunciación vino a ser el rocío que fecundó el resurgir de la esperanza, la brisa refrescante que inundó con su canto la tristeza angustiante de los pueblos. Iniciativa divina en el torrente de misericordia ofrendado, amor del cielo en plenitud, caricia que sana, paternidad que extiende sus manos para abrazar en su prisa, al hijo pródigo, pecador y rebelde.

¡Cómo se iban tejiendo las relaciones "de hecho" entre Dios y los hombres!, testigo y nodriza fiel de estos eventos era el anciano tiempo, que… somnoliento y cansado guardaba silencio: observando, escuchando, censurando la ofensa y el desafío que las criaturas enardecidas, ostentaban en su afán equivocado de vulnerar los principios del comportamiento esperado por el Creador.

En cambio, una y otra vez, el Dios omnipotente, Alfa y Omega; reiteradamente se acercaba al "hábitat" donde reside el hombre, para ayudarle a disipar sus visiones de duendecitos burlones, fantasmas aterradores y ambiciones irrefrenables de poder y dominio apocalíptico, para calmar sus ansias e histerismos ante su soledad prefabricada, para entregarle un sentido de esperanza como contraparte al frío abandono en que sufre y duerme como fruto del castigo "natural" a que le somete su propio colectivo humano… egoísta, cruel e insensible.

Bajo estos niveles de vivencia y convivencia que cualificaban la experiencia milenaria entre los hombres, parecía que el mundo descansaba resignado al olvido de sus más caras ilusiones.

Condición de impotencia y de ceguera que había conducido al hombre a no esperar nada del hombre. Todo se fue profundizando en un peligroso trance de insconsciencia, lapsus o error moral y espiritual en donde los despojos del hombre colmaban su capacidad para ser sostenidos por sus extremidades inferiores, y aún por sus "extremidades cerebrales", triste situación que gritaba su miseria y su cansancio, resistiéndose a la postración y al vacío de sus cuerpos y sus mentes... casi todo en derredor convertido en nada, y... la nada, habitando en todos.

Esta realidad al desnudo, reflejó las intimidades del profundo deterioro que sufrían los valores de la vida y de las cosas, acentuó la sofocación y el rigor de las cadenas que le ataban, y... su resistencia fue flaqueando ante el peso de las cargas. Todo le producía ausencia de todo, vacío en la subsistencia por el exceso de tributos exigidos por el César y por el templo lo que, a su vez, producía efecto y sensación de exceso en la velocidad del tiempo que extinguía sus vidas.

Fue cada vez más evidente y grosera la acumulación de leyes, imposiciones y acomodos del poder imperial y religioso, desorden estructural que se ensañó en los débiles y pequeños para conducirlos de manera cruel a un estado de indefensión, estado de confusión que mutiló el correcto ejercicio de sus principios y, por consiguiente, el goce pleno de sus derechos.

Las potencialidades del pueblo se fueron adormeciendo, de tal manera que los esfuerzos realizados en la búsqueda de Yahveh, pasaron a depender en gran manera de la aprobación y criterios político-religiosos sustentados por las clases sacerdotales.

¡Vaya sustitución terrible, producida por el adormecimiento religioso inducido por los dirigentes envanecidos que, en beneficio de sus intereses y limitados por la pequeñez de su entrega, se olvidaron de su propio pueblo! Engañadores de oratoria fácil, del discurso adornado con artificios de apariencia que expropiaron el templo y la interpretación de la palabra, prostituyeron la buena fe de los sencillos, disfrazando como lícita y correcta la conducta aberrante de la sumisión y obediencia ciega a los dictados de los hombres.

Vanos constructores del formalismo religioso, que rebalsaron la paciencia y los espacios de los sencillos y humildes con tareas y obligaciones más allá de lo soportable, apartándose paulatinamente de la dependencia y disciplina requerida en los caminos del orden. La autoridad que imponían amparados en sus altas investiduras fue descendiendo en la estima del pueblo como resultado evidente del desencanto y frustración de los creyentes, desengaño y rechazo ante la doble vida y doble moral que inútilmente trataban de ocultar. Vano e hipócrita empeño ante el fruto de sus obras que expresaban de manera fiel, el contenido de una fe aparente que oscilaba entre el mero conocimiento de la voluntad de Dios y el real acatamiento a la voluntad del hombre. *Cuando vienen a presentarse delante de mí, ¿Quién se lo ha pedido? ¿Por qué vienen a profanar mi Templo? Déjense de traerme ofrendas inútiles; ¡El incienso me causa horror! Lunas nuevas, sábados, reuniones. ¡Ya no soporto más sacrificio ni fiestas! (Is 1:12-13).*

Era de esperar con esto, que algún día el propio Yahveh de los ejércitos expresara también su desencanto, su pesar y su cansancio por la espera sin futuro ante la manifiesta terquedad del hombre. Era el agotamiento de una paciencia sometida al furor de las pasiones, paciencia divina, comprensiva y milenaria, en donde las flechas encendidas de la infidelidad y el desenfreno se ensañaban, burlándose de la tolerancia y la calma que "caracterizaba" a los cielos.

Sin embargo, los dichos y los hechos han llegado a extremos de locura, en donde el actuar ofensivo y sin reposo va quedando en el silencio impune de los hombres. Ante estos excesos, la inmensidad celeste presidida por el Padre experimenta su rechazo, al sentir que en su nombre y con sus leyes se saquea, se envilece y se transforman los principios en mentiras, los jerarcas se enriquecen y se burlan del pueblo más sencillo; la palabra es transformada, manoseada según los intereses personales, grupales o de clase; la injusticia se disfraza con gestos y apariencias de bondad, a mayor inmoralidad se revisten de mayor solemnidad las ceremonias y en la medida que las riquezas y pecados se acumulan, se incrementan sacrificios y ofrendas, con la idea mercantil de compraventa de la santidad, de las conciencias.

En estas circunstancias, y bajo las sombras de una mezcla de religiosidad pagano-cristiana, de prácticas exteriores desprovistas de la más mínima conversión, y de un alejamiento profundo entre el espíritu sagrado de la Palabra y su consiguiente interpretación y vivencia, es que el ángel acentúa: *Y con razón lo llamarán Hijo del Altísimo (Lc 1:32).*

¡Qué misterios más grandes los del Padre!, entregarle a María los inicios y bondades de la nueva alianza como una forma de certificar ante su pueblo que, en la niña de Nazaret, se apoyan todos los esfuerzos posteriores de los hombres en la búsqueda incansable del camino.

Era como una forma de entregarle también al mundo las intenciones que animaban su voluntad, voluntad expresa que orienta con su amada y favorecida, a encontrar en María la mujer y madre que goza de todos los amores y preferencias del cielo. Era una forma especial de iniciar la cronología de la salvación con la presencia del Padre, del Hijo, del Espíritu Santo y María, así como el de entregar este modelo comunitario a todos los elegidos que plenamente saturados del Espíritu, reconocerían en su momento al Hijo amado.

Era una forma de compartir desde ya, el posterior regocijo de Isabel: *¿Cómo he merecido yo que venga a mí la madre de mi Señor?*; el discernimiento del anciano Simeón en el templo:

Señor ahora ya puedes dejar que tu servidor muera en paz, como lo has dicho; el reconocimiento y humildad del Bautista pidiendo y deseando ser él... el bautizado; la inspiración de Simón Pedro afirmando con el corazón en los labios: *Tú eres el Cristo, el Hijo del Dios vivo,* y quizás, en un gesto de perdón y de dolor, también avizoraba el rostro del centurión Liberalis cuando exclamaba en la cima del Calvario: *Verdaderamente, este hombre era Hijo de Dios (Mc 15:39; Mt 27:54).*

Únicamente vos... María de Yahveh

Pero en el momento del anuncio, de la donación mutua entre el cielo y vos; solamente tú... María de Yahveh, estás facultada para conocer, vivir y proclamar que tu concepción, que el hijo ya engendrado y que ha convertido tu vientre en un altar, es la promesa cumplida de "la virgen embarazada, del Emmanuel, del Dios con nosotros".

Por eso tú llevas el regalo del conocimiento, del regocijo, del descubrir que lo humanamente imposible, fue posible en el momento preciso en que Dios lo quiso, en que la humanidad entera lo estaba necesitando.

Tú fuiste el puente, el cordón umbilical, la flor exquisita y más hermosa del nuevo Edén, escogida para embellecer y esparcir el aroma de la gracia saturando los siglos venideros. Fuiste la escogida para proporcionar al mundo, *al que quita el pecado del mundo* y con ello te convertiste en: "vida, dulzura y esperanza nuestra"[33].

¡Gracias, María!, porque fuiste la escogida del Padre, porque en tu pureza se reconciliaron los cielos y la tierra y con tu humildad se enaltecieron los sencillos y humildes.

---

33 Referido a la Oración "Salve Regina" (Dios te salve Reina y...).

Es por ello que a partir de vos nace para el mundo una nueva esperanza, la piedra sólida que, multiplicándose en la base, habría de sostener el mundo futuro en sus ansias de felicidad, en sus sueños de vencer la temporalidad, aspirando con mayor firmeza al goce de la eternidad.

Por lo tanto, ¡qué galardón, María!, te repito... ¡qué galardón!, haberle proporcionado al mundo al propio hijo del amor y señor del universo. ¡Cómo pagarte el regalo que nos diste!, cómo pagarte o al menos no ofenderte mancillando con frases o con gestos tu figura, tu cariño, el lugar especial y preferente donde habrás de reinar como madre y señora de creyentes, como sierva y modelo de la iglesia.

A partir de este instante, la ingratitud corrió a tu encuentro

Y dijo María: *Yo soy la servidora del Señor, hágase en mí lo que has dicho (Lc 1:38).* Era apenas tu segunda intervención ante aquella criatura celeste que admiraba tu entrega y tu figura, unos minutos antes habías proclamado con tu abandono ante las caricias del cielo, y ante el silencio que se extendía hacia todos los confines de la tierra, que tu cuerpo era templo consagrado a la inocencia, vaso intocable, portador del vino nuevo que sería repartido entre los hombres en la fiesta que pronto marcaría los inicios de la nueva alianza.

No habías conocido varón, y en verdad en el resto de tus días, tu camino estaría saturado de hechos y vivencias que, con exigencia divina, te pedirían con prisa el mejor consumo del tiempo asignado a tu existencia. Tú no tendrías la más mínima posibilidad de vivir como nosotros... los satisfechos, repartiendo cuotas de ocio, confundidos en mezquina adoración y haciendo gala de una religiosidad exhibicionista que pretende proclamar que los fundamentos del cristianismo, son hechura nuestra, y que antes de ser tuyo el rey de reyes... el hijo de David, tendrá que pasar por la excelencia de nuestros criterios, por el examen "valorativo" de nuestra enferma sabiduría, por la sentencia inapelable de nosotros... los "poseedores de la verdad".

Por lo tanto, María, a ti también debieron haberte incluido los profetas cuando dijeron de Jesús: *como cordero fue llevado al matadero (He 8:32; Is 53:7)*. Tú también has vivido al paso de los siglos, la traición de los que pretenden arrancar de tu regazo de madre el divino fruto con que te privilegió el Padre. Tus sandalias desgastadas en el continuo trajinar por los caminos del tiempo, se han posado humildemente sobre los terrazos relucientes que acarician las sandalias de las nuevas Herodías, de los tantos templos construidos por el mundo para complacer la efímera vanidad y sed de gloria de los Anás[34] y Caifás[35] que se resisten a la muerte, y aún, para mayor escarnio has tenido que avanzar por los senderos de la historia, muchas veces en completa soledad, observada con recelo desde lejos, con escasos amigos de a "de veras", dispuestos a jugarse la vida por tu nombre.

En las casas, las plazas, los templos y los cultos, cual cruzada concertada se han juntado los gestas y los gentiles para enrostrarte como pecado la humildad de tu silencio, para no tomarte en cuenta en el plan redentor fraguado por el Padre y consumado por tu hijo. Pareciera que el calificativo de madre, en tu caso, no reúne las condiciones ni la "estatura perfecta" que entendemos los humanos, tendrás que conformarte, María, a la sombra de un nuevo concepto rutinario y común de madre, a las expresiones de cariño que a semejanza del pasaje

---

34 Ex sumo sacerdote (6-15 años d.C.).
35 José ben Caifás (18-36 d.C.), yerno de Anás y sumo sacerdote de la secta de los saduceos (Mt 26:3,57; Lc 3:2).

de Lázaro "el pobre" (Lc 16:19-31), tendrás que recibir como migajas desprendidas de la suculenta mesa de los indiferentes o epulones[36] del mundo.

Triste lugar para una madre, que habiendo merecido la sonrisa del Padre, piropeada en su pureza como la llena de gracia, y cubierta de besos por el Eterno, el Espíritu Santo y el Hijo, ha tenido que asimilar por amor... la cruz del desprecio, la indiferencia, la negación cobarde principalmente de creyentes aparentemente comprometidos que dudan y callan ante las maliciosas teorías tejidas para apartar a María de las cosas del reino, teorías simplistas y vacías extraídas de la enferma sabiduría de los servidores del mundo.

Pareciera niña-mujer de Nazaret, que en la soledad del anonimato has tenido que tocar las puertas del alma que muchas veces como limosna se te abren, te has presentado en los templos que ante la falta del calor materno... están saturados de frío, has recorrido asambleas mutiladas de creyentes, asambleas incompletas, huérfanas por no reconocer la grandeza de su filiación materna. Sin embargo, a pesar de los desaires te has adherido de manera jubilosa a la promesa invocada por los fieles, que donde dos o más se reúnen en el nombre de tu hijo, es incuestionable su presencia, y en un grito de amor incontenible te has hecho evidente, entre otros, a: Juan Diego en Guadalupe[37], Bernardette Soubirona en Lourdes[38], Lucía do Santos, Jacinta y Francisco en Fátima[39], Bernardo Martínez en Cuapa[40], y en Medjugorje[41]. Y pensar además, que cuando

---

36 Referido a los idólatras o paganos.
37 México, 1531 d.C.
38 Francia, 1858 d.C.
39 Portugal, 1917 d.C.
40 Nicaragua 1985 d.C.
41 Yugoeslavia-Bosnia y Herzegovina, 1981.

afirmaste ser la servidora de tu Señor no rebuscaste palabras al estilo de los sanedritas[42], no escudriñaste citas que reforzaran teológicamente tu imagen o el merecimiento de tan singular escogencia. Tu presencia ante el ángel fue la culminación de un mandato rubricado desde el momento en que las cosas fueron, desde el instante en que la "no existencia" gemía con dolores de parto para dar paso al primer alumbramiento que tendría por nombre "creación" y en cuyas entrañas palpitaría la vida, la existencia como germen primario y absoluto en el vasto plan del señorío de Yahveh.

En el momento justo

No hubo necesidad de postergar el encuentro, de posponer la misión, de cambiar el lugar de la cita ni de esperar un nuevo día: *Purifíquense, porque mañana Yahveh estará en medio de ustedes para obrar milagros (Jos 3:5)*. ¡No!... desde siempre los cielos vibraron con la feliz certeza de que aquel corazón tan tierno vivía a cada instante la alegría de la espera, descubriendo en cada signo el reverdecer de la higuera como infalible promesa que cambiaría los tiempos.

No era necesario esperar otro mañana, cuando el presente asumido en esa niña estaba inundado de pureza, de mansedumbre y humilde sabiduría en los inescrutables designios de su Dios. La palabra que habitaba en aquel corazón sin dobleces, sediento de penetrar bajo absoluta fidelidad en los mandatos del cielo, manifestaba que era evidente su disposición para estar en permanente escucha y en actitud orante discerniendo las señales de los tiempos, los acontecimientos y todo lo que significara un acercamiento en la realización de los planes de acuerdo con la sabiduría expresada por Dios en las escrituras.

---

42   Miembros del tribunal religioso judío o de los maestros de la ley.

Yahveh me creó al proyectar sus obras, antes que sus obras más antiguas. Desde el principio me tiene formada, desde el comienzo, antes de la tierra (Pr 8:22-23)[43].

Seis meses antes el mismo arcángel Gabriel había acudido ante Zacarías, para comunicar a este la respuesta ante sus constantes oraciones; un hijo le sería dado, un hijo fruto del amor y de los planes de Yahveh que en contraposición a los planes naturales que por esterilidad impedían concebir a Isabel y por la edad impedían engendrar al escogido sacerdote, harían venir al mundo a quien, a pesar de ser grande ante los ojos de su Dios, no sería digno de desatar las sandalias del hijo de María.

Pues bien, este mismo ángel que goza del favor de Dios, que se regocija ante la luminosidad de su presencia es el emisario central que emerge de las inmensidades celestiales para estar presente ante María, en la cita más relevante y jubilosa para la familia humana.

Es el mismo que ante las sabias palabras: *Yo soy la servidora de Yahveh,* hubiese querido brindar un especial y adicional tributo a la niña-mujer que, con inmensa sabiduría y espontánea entrega, expresaba de manera natural la vocación de servicio y obediencia al Dios proclamado y adorado por los profetas, por su pueblo, por su corazón: *¡Felices tus gentes! ¡Felices tus servidores, que están siempre junto a ti y escuchan tus sabias palabras! (1Re 10:8).*

En consecuencia, para María era el momento de la prueba, del expresar en su real magnitud la capacidad de vivencia para ser servidora de Yahveh, la disposición que movería su voluntad, su vida, sus ilusiones hacia derroteros insospechados de renuncia, de un morir continuamente a ella misma para dar paso a

____

43   Referido a la sabiduría como atributo de Dios.

una nueva vida que se encarnaría en los otros como fruto de su entrega, de su condición de sierva en las manos de El-Roí[44] para entregarle al mundo la oportunidad más preciada de un nuevo nacimiento. *En verdad te digo: el que no renace del agua y del Espíritu no puede entrar en el Reino de Dios (Jn 3:5).*

Por lo tanto, la actitud complaciente de María era la aceptación de la primera fase de una misión que comprendería a semejanza del profeta Elías[45] la preparación de un camino: *Miren cómo envío a mi mensajero para que vaya delante de mí despejándome el camino; pues pronto entrará en su santuario el Señor que ustedes piden... (Mal 3:1).*

Del ejercicio de una misión que la constituiría ante su pueblo, en portadora de la feliz noticia profetizada por Isaías con siete siglos de anticipación: *Viene mi siervo, mi elegido; a él le quiero y en él me complazco. Pondré mi Espíritu sobre él, para que anuncie la verdad a las naciones* (Is 42:1).

Era también el sí de la voz que calla, que acepta en silencio[46] a diferencia de "la voz que grita en el desierto"[47]: *Cambien su vida y su corazón, porque el Reino de los cielos se ha acercado* (Mt 3:1-2).

Por ello, desde el mismo instante en que proclamas y asumes la condición de esclava al servicio de tu Señor, te constituiste en mensajera, en voluntad dependiente bajo los designios de tu Dios, en santuario viviente de quien, haciéndose eco de tu respuesta al Padre, vendría no para ser servido, sino para servir.

---

44   "El Dios que me ve" (Gén 16:13-14; Sal 139:7-12).

45   Eliya: Yahveh-mi-Dios, 874 a.C. originario del pueblo de Tisbé, en Gaalad al otro lado del río Jordán.

46   Referido a María.

47   Referido a Juan el bautista.

La aceptación que materializó la Promesa

Y en la sublime continuación de aquel encuentro, surgió el *"hágase en mí..."*, como consecuencia lógica de un corazón divorciado de los amores del mundo, de un ser sin ataduras que inmovilizaran su fe y su entendimiento, que adulteraran el discernimiento de la presencia y mensaje del ángel. Era el sí de una criatura excepcional, que viviendo sin manchas ni compromisos de cara a lo temporal que le hicieran perder la transparencia de su vida inmaculada, estaba totalmente libre, absolutamente libre y dispuesta para responder sin temores y entregarse extasiada a la única fuente de agua viva que colmaba su sed. *Señor tú eres mi Dios, a ti te busco, mi alma tiene sed de ti, en pos de ti mi carne desfallece cual tierra seca, sedienta, sin agua (Sal 63:2).*

De esta manera, el sí de Nazaret se constituyó en la primera ceremonia solemne oficiada por el Padre en el primer vaticano del mundo llamado Nazaret, era indiscutiblemente la primera fiesta que se celebraba en este lugar santo... santificado por todos los presentes sin excepción, bajo el abrigo de una cúpula infinita, tachonada y habitada alegremente por estrellas, nubes y sol, en donde las criaturas celestiales conglomeradas en expectación sublime, ponían atención suprema como testigos de lo eterno, en aquella escena irrepetible de un desbordamiento de amor.

En este acontecimiento tan especial, solo la mirada de María desde la perspectiva terrena contemplaba la transformación del lugar, la sinuosidad de las siluetas terrenas y la variedad de los colores corrientes fueron adquiriendo tonalidades festivas, expresando de esta manera la multialegría que embargaba el lugar. Todo en derredor irradiaba quietud, paz, armonía; compartida y concelebrada entre la realidad temporal y espiritual de María, que convergía en un encuentro perfecto con la feliz permanencia de la realidad vivencial de los cielos.

El espacio ocupado por la *llena de gracia* y el "no espacio" saturado de presencia celestial, colmaban el área total de aquel recinto sagrado que, como origen y referencia, iniciaría la historia de un nuevo amanecer para todos los confines de la tierra.

Más adelante, en el transcurrir de los siglos, el genial Miguel Ángel[48] percibiría los rasgos de la majestuosidad del momento, cuando inspirado en su arte plasmara en los frescos de "La Creación" la maravillosa expresión del nacimiento y ser de las cosas como sugestiva evidencia del amor y el poder de Dios. Y en su no menos obra genial, conocida como el "Juicio Final", el destino asignado a todo viviente en el repaso final de sus cuentas como fruto del mal uso o buen uso de los talentos y la aceptación o rechazo del hijo de la promesa.

En tanto, el universo empapado de silencio en un feliz torbellino de quietud celestial, presenciaba con profundo respeto el desarrollo de aquel encuentro que, provocado y esperado desde siempre, reunía en aquel lugar bendito el auditorio más exquisito con esencia de santidad.

Por lo que, de manera natural en aquel oasis del cielo, oasis de Nazaret, se encontraban también presentes los siete ángeles superiores incluido el arcángel Gabriel, que en la creencia judía por especial reverencia y aún por especial escogencia, tenían acceso a Dios.

Toda la materia y la "no materia" debieron enfocar su atención en aquel paraje semidesierto, accidentado y escondido en un punto indeterminado de la geografía conocida, y por lo tanto, su misma pequeñez utilitaria le convertía en objeto no ambicionado por la voracidad y los mezquinos intereses humanos como fuente de ganancia y riqueza potencial abundante. Por

---

48   Célebre escultor y pintor italiano del siglo XV.

ello también gozaba de libertad y sus recursos limitados no estaban sometidos a las inclementes ataduras de usurpación, especulación y posesión egoísta que abrasaba a otros lugares como: Jerusalén, Cesarea, Filipo...

Era un lugar libre para seres libres, para un acontecimiento que, al margen del poder, la sabiduría y el concurso de los hombres... nacía libre, y que en el ejercicio pleno de esa libertad se ubicaba en un lugar insignificante para las estrategias del mundo, como una manera de confirmar aquello de que *tus caminos, no son mis caminos (Is 55:8).*

Desde estas circunstancias surgió Nazaret a la sombra de la *llena de gracia:* María... humilde, Nazaret a su vez por afinidad y origen.., pueblecito humilde; María... escogida desde siempre por Yahveh, Nazaret favorecida para ser escenario de la presencia de El Olam[49] en el vasto recorrido por la historia de la salvación, conocida y por conocer; María... esencia de pureza e inocencia sin par, *Nazaret limpia* y serena frente al manoseo de los hombres e inocente ante al lenguaje malicioso y vulgar que envenenaba otros ambientes; María no servía a dos señores ni sus sentidos la impulsaban a doblar la columna como señal de sometimiento ante el "amo natural" del mundo, Nazaret aún guardaba la sencillez provinciana como resultado de una cultura que ante el constante acecho de otras costumbres y valores, mantenía en perenne lucha la originalidad heredada de sus padres y la mirada limpia que transparentaba la falta de malicia, y el vivaz parpadeo de los encorvados seres de doble pensamiento.

Quizás por ser como eras, fue que la generación de tu tiempo, y aún muchos amigos y familiares cercanos que integraban tus ambientes, no pudieron descifrar en vos la encarnación de las

---

49   Traducido del hebreo significa "el Dios eterno" (Gén 21:33; Sal 90:1-2; Is 40:28; Rom 1:20).

profecías, y a pesar de que tenían ojos, inteligencia y oídos, no pudieron descubrir, ni entender, y mucho menos interpretar el valor de tus palabras, tu sonrisa, tus oraciones en silencio, ni la maternal esperanza en que la misericordia de Dios se manifestaría en tu pueblo. *La bondad del Señor espero ver donde moran los vivos (Sal 27:13).*

Igual suerte que vos, tendría que correr el rinconcito geográfico que acarició el posar de tus plantas, el armonioso zigzag de tus caminatas y el indefinible sendero que marcaron tus huellas. Años más tarde también de él se expresarían sentimientos y se dirían frases que, aunque dirigidas a Jesús por hombres buenos, reflejarían el sentimiento común, y al ser dichas llevarían adheridas el duro concepto y el cruel rechazo con que te vieron y valoraron los usufructuarios de los lugares mejor situados geográficamente, lugares apetecidos desde la visión utilitaria del mundo. *Pero ¿qué cosa buena puede salir de Nazaret?* (Jn 1:46).

Sin embargo, Nazaret fue Nazaret, en la armonía de los sonidos que formaron orgullosamente estas siete letras: Nazaret... lugar de peregrinaje, hoy, con un millón de visitantes al año, y en donde la majestuosidad del cielo inauguró con solemne gala el advenimiento de la nueva historia. No se paralizó el tiempo impresionado y embelesado en la intelectual Alejandría, ni el destino del ángel detuvo su marcha en la imperial y poderosa Roma, no se celebró la cumbre en el Olimpo de los cultos y letrados dioses griegos, ¡no!, toda la expectación se centró, en la sencilla, semianalfabeta y tímida Nazaret habitada por 20-30 familias[50].

Tiempo, circunstancia y espacio se conjugaron para hacer del sí de María, la viva expresión de un anhelo, la explosión de una fe que habiendo alcanzado y superado el tamaño de *un*

---

50   El pobre de Nazaret. Pág. 16, padre Ignacio Larrañaga.

grano de mostaza (Mt 17:20), fue capaz de mover las montañas de la incredulidad, de la duda, del qué dirán, de la seguridad que producen todas las cosas que pueden verse y tocarse para lanzarse en aquel vacío misterioso y desconocido, disponiendo únicamente para ello de una fe profundamente vivida, convicción y creencia que de manera natural le condujo a confiar en las palabras del ángel, llevándole a reposar bajo un total abandono, en las manos cariñosas del Padre.

Prácticamente fue un lanzarse al vacío, un cerrar los ojos para depender únicamente de quien tenía en sus manos su presente y su futuro. Fue la entrega confiada de todos los temores propios a su naturaleza humana, para que, en un gesto de amor hacia su Dios, lanzarse con su *hágase en mí* por las impredecibles arenas de la vida diaria, con la garantía absoluta de que, en la cotidiana renuncia a la instalación, al tener de cosas que, aunque gratas a los sentidos, pudieran detener el esfuerzo y la visión para la consecución de metas superiores. Solamente así, podría estar apoyada la esperanza de alcanzar la tierra prometida, tierra de salvación y remanso de patriarcas y profetas, cuna y descanso de la materia, presencia y liberación del espíritu.

Fue el acontecimiento de Nazaret, una porción de historia sumamente diferenciada con relación a los demás fragmentos históricos que registraron las múltiples presencias de Yahveh.

Muy hacia el pasado lejano, pero a la vez, muy cercano en la memoria, se encontraban escenarios recordados por la huella indeleble dejada por el cielo: el paraíso entregado a los primeros padres de la raza humana, Adán y Eva, la primera civilización en la baja Mesopotamia nacida cinco mil años antes de que surgiera Nazaret de José y María, el llamado personal y la promesa solemne entregada a Abraham cuando tenía setenta y cinco años (1800 a.C.) *esta tierra se la daré a tu descendencia (Gén 12:7)* y el éxodo o salida de Egipto (1200 a.C.), entre otros, en aquella travesía prolongada durante cuarenta años, luego de cuatrocientos años de servidumbre; travesía sufriente bajo los rigores del candente sol, el hambre, la sed y la desesperación abonada por las arenas del desierto.

Travesía convertida en penitencia a partir del cruce sorprendente y milagroso por las aguas separadas del Mar Rojo, pueblo caminante hacia la libertad bajo la guía de Moisés, hijo de Amram y Yokébed de la tribu de Leví, luego de la última celebración de las fiestas de la P*ésah (Pascua)*, o de los ácimos (*massot*), en las tierras faraónicas de Egipto, entre el 10 y 21 de nisán[51].

Por lo tanto, en el repaso de los hechos relevantes por el grado de incidencia o de presencia de Adonay[52], no cabe más que entregar a María el reconocimiento del auténtico lugar que ocupa en los cielos y la tierra. Porque, ¿de qué otra manera podría ser?, sin correr el riesgo de causar profunda pena y dolor al Padre y al Hijo. Imagínate pueblo de Dios, ¿qué tan justo sería profundizar y multiplicar las heridas que desgarran en silencio, el corazón de la madre de Jesús?

En tanto tú, María, piropeada de múltiples maneras por los hombres de buena voluntad, recibida con inmensa devoción en los múltiples lugares donde la fe del pueblo proclama que te has aparecido. Virgen morena de Guadalupe en México, dulce privilegiada en la escogencia perfecta decidida por el supremo Creador. Nuestra señora de Luján en Argentina, nuestra señora del Rosario en muchísimos lugares, virgen negra de Częs-

---

51 El mes de Nisán se corresponde con los meses gregorianos de marzo y abril, según el año (Éx 12:2).

52 "Mi Señor". Este término se expresaba para reemplazar a YHWH, que se consideraba demasiado sagrado para ser pronunciado (Sal 8; Hab 3:19).

tochowa[53], patrona de Polonia, santísima virgen de la Concepción patrona de Nicaragua... presencia generosa a pesar de tu silencio, signo de la misericordia redentora ocupando un lugar imborrable en el porvenir de la vida de los hombres, en los planes y entrevistas provocadas por el cielo, y además, presidiendo en compañía de los seres celestiales el más determinante de todos los eventos celebrados en el vasto recorrido de la historia, evento único, trascendental e irrepetible conocido como la Encarnación, puerta de salvación, componente vital del proceso de resurrección de las ilusiones y esperanzas de los hombres.

¡Quién te lo diría estrella de Nazaret!, cuando en tu comparecencia frente al ángel, bastó con la exteriorización de palabras sencillas, breves vocablos acariciados por tus labios y engendrados en tu corazón para trasladar también al corazón del Padre el mensaje de la espera ilusionada, de los brazos extendidos en actitud suplicante que, durante tres, cuatro mil, o tantos años más alimentaron su más dulce esperanza. Necesidad y confianza en que tendrían que nacer nuevos tiempos, nuevas esperanzas, como urgente motivación de los pueblos que contrarrestaron el frío y el cansancio de los múltiples inviernos, de las miradas inciertas, huidizas y apagadas ante el despojo cruel de "los muchos" que pierden hasta el derecho de guardar una sonrisa, sin cesar de sufrir el asalto de "los pocos".

Presencia sublime de la niña de Nazaret, presencia del santo, santo Yahveh; presencia ilusionada y festiva ante la voz acariciante y firme, que se gozó en los primeros pasos de la nueva alianza.

---

53 Conocida también como "Nuestra señora de Częstochowa" cuya imagen es resguardada en el monasterio paulino de Jasna Góra, Polonia.

Breves respuestas que expresaron su contenido con resonancia de eternidad, incorporando en su sonoridad, el eco adormecido que guardaba en sus entrañas el silencio reflexivo de los escasos peregrinos sedientos provenientes del pozo de Jacob, en el pueblo de Sicar[54]; peregrinos sin fronteras, sin origen y sin destino que encadenen su continuo caminar, caminar, avanzar libremente por los senderos del mundo y de la historia, construyendo una sola patria, predicando un solo Señor: Abraham, Isaac, Moisés... y tantos que poseyeron un pedazo del tiempo para señalar el rumbo, lanzando su voz como grito de alerta que detiene la noche. Hombres y mujeres de ideales limpios, que arropados con el mismo sol que ha presenciado el nacer y el morir de los milenios, quisieron transmitir su calor de cielo, pregonando la fuente de su dicha.

Posibilitando una esperanza

¡Qué importante el encuentro con María!, en el momento justo determinado por el Padre, presencia ante la venida del ángel y que a semejanza del pasaje de Lot en la trágica destrucción de Sodoma y Gomorra (Gén 19), entregaba de manera muy especial las circunstancias que propiciaban el final del llanto que atormentaba a los hombres: habitantes de valles, caseríos y ciudades gobernados duramente por los hijos de la noche, pobladores irredentos e insensatos, servidores del oscurantismo, la ruina y la maldad, corazones insensibles a las súplicas y lamentos, opresores de los débiles y pobres. ¡Pobres criaturas, pobres!, despojadas, oprimidas en su angustia, abandonadas a su hambre, sentenciadas y encarceladas a vivir... muriendo, en su crónica agonía: *Doble falta ha cometido mi pueblo: me han abandonado a mí, que soy manantial de aguas vivas, y se han cavado pozos, pozos agrietados que no retendrán el agua (Jer 2:13).*

---

54 Localizado en Samaria próximo al pozo de Jacob (Jn 4:5).

¡Qué vasta dimensión tendrías preciosísima torre de David!, si aun en el vacío existente provocado como regalía del comportamiento humano, destacaba tu figura, tu ilusión, tus gestos; incienso agradable que se remontaba hasta el trono de Dios. Por eso, cuando de tus labios se escaparon como suspiros, las palabras que habrían de posibilitar las bases que sustentarían el nuevo sueño, el universo entero debió haber danzado impetuosamente hasta el amanecer.

Le habías refrescado la sonrisa a los santos, a los ángeles, los arcángeles, querubines (Gén 3:24; Ez 10:17-20), serafines, (Is 6:1-7) y a la Santísima Trinidad. Bastó una sola frase: el *hágase en mí,* que pronunciaron tus labios, y con ello diste la respuesta al cielo para poner en marcha el sueño de Yahveh, sueño de reconstruir el mundo, sueño de reconstruir al hombre, sueño de recobrar el sueño que dio paso a tu querida humanidad.

Sin embargo, no todo estaba concluido, del "hagámosle al hombre una compañera", aún quedaba una interrogante en cuanto a los alcances del compromiso nupcial de José y María; compromiso diferente orientado según los planes eternos, "compromiso entendible desde el entendimiento divino", cuando en el suelo de Nazaret, debió realizarse la ceremonia matrimonial, como acto incorporado a la feliz consagración del "trocito" viviente más bello de la creación, del "pedacito" de eternidad, que con su lámpara encendida y en vigilia permanente, esperaba dulcemente el retorno de su dueño (Mt 25; Lc 12:35).

Regreso inminente del amor en plenitud, de las manos que, extendidas y abiertas desde siempre, prolongaban sus anhelos y sus ansias y que, en éxtasis de misericordia desbordada, tocaron cada una de las puertas que únicamente abrían desde adentro, puertas clausurando corazones, puertas que insensibles soportaron el encierro de los ayes y lamentos, del engaño, de las súplicas que como torrentes caudalosos remontaban su abundancia al cielo… ante la indiferencia de "los buenos".

Y... ¡por fin! Señor, se aproximó... y llegó la hora que guardaba desde siempre tu regreso, que anunciaba felizmente tu retorno contenido en el abrazo infinito del Espíritu Santo, abrazo y fuego de amor que materializaba la presencia del hijo en el vientre de María; regreso actual y eterno, pero a la vez presencia eterna que moraba desde antes, mucho antes en el alma de la niña.

Y se abrieron las puertas de Nazaret ante el portento del cielo, mientras las puertas del templo de Jerusalén de Judea continuaban inexpugnables, y... ante el asombro de las futuras generaciones y el silencio indiferente de las gentes que habitaron el tiempo de María, solo el corazón de aquella niña galardonada como la amada y favorecida, pudo escuchar la melodía del Padre, el susurro del viento que en sublime caricia le repetía al oído: centinela, ¿qué es de la noche?, centinela, ¿qué es de la noche? Las tinieblas que envolvían al mundo vacilaron en la espesura de su manto, presintiendo que su amarga y prolongada noche se encaminaba a un descorrer de los celajes de luto, oscuridad en el mundo, oscuridad en el alma, que vestía como ropaje cotidiano el querer y el hacer de los hombres por todas las latitudes del mundo.

Fue decididamente el momento crucial de la hora cero, del rasgar las cortinas tenebrosas que ocultaban el dominio fatal de las presencias opresoras. Fue la conclusión del festín, de la orgía y de los muros carcelarios que agobiaban el espíritu, que incubaban condiciones y espacios que asentaban la cultura de la muerte, experiencias de perdición, cuando el estridente chillido conductual de las criaturas enfrentadas a sí mismas y a su Dios, grotescamente se ahogaban en su euforia de sangre, de oro, de revancha y dormitaban lujuriosamente bajo las esqueléticas sombras de la paz, pero de esa paz agónica, mortuoria que burlescamente gobernaba los ambientes de sus propios cementerios. Esquizofrenia, cinismo y locura:

planeando, escondiendo, arrebatando, disfrutando la inconsciencia y el sopor de sus propias pesadillas, sustentados en el aparente triunfo que les daba el crecer evidente de aquel reino de pecado.

Todo lo construido por el hombre en su afán desmedido por tener y dominar a los seres y las cosas, fomentaron vertiginosamente el individualismo, la discordia, y la insatisfacción; ya que en la medida en que se acaparaba el poder, la fama y la riqueza, de manera simultánea se multiplicaba la ambición, la soberbia y la vanagloria, instrumentos eficaces para reducir a escombros los rasgos de la solidaridad y la armonía, atributos esenciales para la construcción de la vida comunitaria.

Sin embargo, el convivir bajo la influencia de los sepulcros vivientes, bajo la sombra pasional de sus lúgubres esfuerzos, condenó a los hombres a una extrema desesperación, a un amargo llanto, a la tan temida muerte. Todo este caminar imprudente le fue llevando inexorablemente, hacia la triste consumación de su propia suerte.

Solo los buenos, pero verdaderamente buenos, entre ellos, los profetas mayores y menores descansaban tranquilos y confiados bajo el alero de la misericordia y el deber cumplido. Pero... mientras tanto, mientras el tiempo de María penetraba haciendo historia, aún resonaban los ecos de las voces, las amonestaciones y las súplicas de los pocos creyentes de a "de veras", quienes, motivados por su amor y compromiso de fidelidad al cielo, pretendían detener el furor y consolidación de las nuevas ciudades de pecado, las genuflexiones asfixiantes de los hombres ante las reincidentes e inmorales prácticas materiales, y el baño de incienso idolátrico que como exigencia de adoración y sometimiento, "reclamaban" enardecidos los calenturientos dioses que regían la cultura de los pueblos sometidos a la superstición y el engaño: *Yo, Yahveh, tu Dios, soy un Dios celoso (Ex 20:5).*

Ante estas circunstancias que esclavizaban los ambientes en los tiempos de María, el saludo del ángel se sumó a las voces enmudecidas de los que no tenían voz, muchedumbre burlada en sus ilusiones y mutilada en su derecho, por el despojo y mezquina concesión de oportunidades que prodigaba de manera selectiva el mundo. Fue el resonar de la protesta robustecida con la voz del cielo, dejando en evidencia el descaro y la desvergüenza que alimentaba la complicidad farisaica de las esferas religiosas; ¡pobres de los pobres!, ¡pobres hijos del mismo pueblo!, aplastados, marginados y condenados por sus "guías" en su afán de servirse y no de servir a tan noble pueblo.

Muchedumbre indefensa en holocausto permanente, victimada por los dardos encendidos con el fuego destructor y tenebroso del individualismo cruel y egoísta, de la prepotencia como fuente de expresión de los engañados diosecitos; y... como pecado capital del hombre, la incapacidad manifiesta en el amar, en la resistencia compulsiva para exteriorizar al menos una minúscula cuota de sensibilidad afectiva y efectiva, mezquindad comprensiva y solidaria hacia los más humildes y pequeños, desheredados y esquilmados por los "propietarios" del poder temporal y espiritual, por los notables e inteligentes, los "iluminados", quienes bajo interpretaciones y conceptos ciegos se imponían como conductores y señores, confundiendo el caminar ilusionado del pueblo por la pendiente de la ignorancia, la superstición y la indiferencia por los asuntos del cielo.

Partiendo de esta realidad, era apenas comprensible que la vocecita delicada y tierna de María resonando primorosamente por todo el universo, se perdiese; sin embargo, en aquel espacio reducido de la atmósfera terrena, ambientes temporales impregnados de prácticas y vocablos en contienda, impregnados de la complicidad zalamera y fraudulenta de aquellos corazones forjados y endurecidos por el ruido "musical" de los denarios[55] en la aceptación de los falsos principios y valores, como guía de vida y conducta agradable a los más encarnados intereses de la egolatría, el acomodo, la mentira y la desmedida ambición de los endiosados hombrecitos.

Por lo tanto, las palabras de María dieron nueva vida al horizonte, fueron el cincel que letra a letra esculpía, daba forma a las nuevas condiciones que vendrían, esperanza y alivio que como bálsamo acudía en auxilio de esos mismos hombrecitos, significado profundo del amor que cambiaría la configuración engañosa del sistema de vida construido laboriosamente por el hombre... día a día, noche a noche y golpe a golpe, durante los acumulados años de llanto que conformaban su historia.

Fueron las palabras que adquirieron la belleza del canto y la poesía, melodía del alma percibida por el ángel y por su intermedio percibida con deleite por el Padre. Ternura habitando en el ambiente, ternura del cielo confundida beso a beso en la ternura de María. Corazón y sentimiento convertidos en firmeza acariciante; voluntad y misión, estandartes de una nueva luz que cual relámpago espiritual hería de muerte la oscuridad que se adueñaba del mundo; advenimiento y presencia plena de una promesa que se multiplicaba y pulverizaba la roca que sellaba el entendimiento de los duros de corazón y pregoneros de la mentira, profecía y promesa penetrando sutilmente y con ímpetu desbordante, hasta lo más recóndito de los blanqueados insepultos vivientes.

Era, en definitiva, la señal esperada por los siglos de los siglos, la contraseña hecha palabra para que los cielos derramaran abundantemente la frescura de la gracia; era el eco milenario portador de nuevas esperanzas, portador de nueva vida, que

---

55   Moneda oficial del imperio Romano en tiempos de Cristo.

penetrando el horizonte iluminaba las cavernas, a fin de que el hombre viese el infinito y se pudiese liberar de las cadenas que amordazaban sus alas, que inmovilizaban su vuelo, impidiéndole remontarse hacia las alturas del espíritu para poder gozar de la presencia y de la sonrisa cariñosa del Padre.

En consecuencia, partiendo de la excepcionalidad de aquel instante primoroso, ¿cómo imaginarse el palpitar del corazón de María en aquel momento de fiesta?, ¿en la inmensidad y frescura de aquel espacio "ocupado" por el cielo y por María?, ¿cómo imaginarse la musicalidad del ambiente que rodeaba aquel encuentro?, ¿musicalidad y armonía, abandono y paz en el cuerpo y el espíritu de la *llena de gracia?*

Algunas características personales debieron vibrar, aunque fuese de manera imperceptible y transitoria; características corporales que debieron rendir su naturalidad ante la grandiosidad del evento: emoción y sorpresa, observación y asombro que de seguro alteraron la normalidad estructural y rítmica que guardaban entre sí los componentes de su figura en su vital y dinámico movimiento. Breves partículas anatómicas, que individual y colectivamente, conmovieron la estabilidad y estructura de aquel cuerpo, células y tejidos experimentando el impacto de condiciones diferentes para expresarse y celebrar en su lenguaje biológico natural, la grandiosidad del momento.

Todo su ser material debió guardar respetuoso silencio y reverencia, las convicciones plenamente arraigadas en su corazón y su mente y que sustanciaban la firmeza de su fe y de su esperanza, debieron adquirir la infinita dimensión de lo imposible entre los hombres, de la lejanía inaccesible para ser tomada como "no medible", de lo plenamente sustentado y creído, de lo felizmente vivido.

Fue el instante sagrado en que a sus oídos llegaba para quedarse impregnada la musicalidad de las palabras del ángel. En que su mente y su corazón al gozar de aquella fiesta, quisieron compartirla con los "suyos y los otros", pero ante la ausencia manifiesta quizás se entristecieron, posibilitando con ello prolongar la terrible realidad que gobernaba al mundo, realidad ya definida y conocida en la vivencia diaria que determinaba los ambientes.

A sus pocos años, saturados de profunda entrega, ya su ser percibía la marcada diferencia entre la experiencia personal de una vida en obediencia y en estrecha complacencia a los designios de su Dios, en contraposición al excesivo y atropellado agotar de la existencia, como práctica y cultura sustentada en la obediencia ciega de los lineamientos y mandatos que imponía el mundo.

Sin embargo, María, a pesar de los trece, catorce, quince o más años habitando entre los tuyos, pobladores y parientes de ascendencia davídica en Nazareth, ¡no dudaste! y te lanzaste temerariamente al vacío, a ese vacío misterioso, desconocido, desnudo, desprovisto del más mínimo acompañamiento humano. Soledad, vacío y abandono, lejanía increíble de los pueblos escondiendo el firmamento... de los hombres, de sus obras, de sus noches.

Y muy sencilla, emocionada y feliz estuviste presente en el sitio escogido y consagrado para recibir de la voluntad del Padre, la más hermosa y privilegiada misión. Encomienda divina para la consecución de un objetivo con resultados divinos, encomienda especial que habitó en el ser más especial desde el inicio de la creación.

Tuvo que ser así, desde el instante mismo en que la voluntad del cielo en estrecha comunión con la voluntad de María disponía la maternidad. Era una decisión invariable para iniciar una misión impostergable, era la conjunción de dos mundos en una común sumatoria, asumiendo mutuamente la proporcionalidad que les correspondía conforme a sus propias realidades, era la garantía incondicional para forjar la respuesta esperada.

Ante el protagonismo de los hechos, la actitud asumida por María evidencia el más sabio discernimiento de los signos de los tiempos; interpretación y apertura como fiel reflejo de la espera y el cariño que albergaba en su pecho. Disposición y entrega como enseñanza, orientación y modelo para todos los creyentes que, en actitud vigilante, escucharán en lo profundo de su fe la insinuación cariñosa del Padre: *Ved que estoy a la puerta y llamo… (Ap 3:20).*

Es por ello que el *hágase en mí...* de María, es el eco del *hágase la luz* en el momento de la creación, es el origen de un nuevo destello eternizante que, al llegar su tiempo, facilitaría a los hombres que sus ojos vieran y pudieran contemplar su propia creación más allá de los sentidos, más allá de su ciencia eminentemente vanidosa y cavernaria. Desde esta perspectiva se descubre una nueva dimensión, horizontes diferentes donde palidecen y se ocultan las ensoberbecidas pequeñeces de los hombres, miserias engañosas que ensombrecen y empañan la transparencia de los corazones y de la mirada profunda que saturada de espíritu, quisiera penetrar para nosotros y con nosotros las profundidades más inciertas e inconcebibles, revelación de las cosas aún ocultas que nos revelarían la inmensidad del universo como destino y regalo de la misericordia del Padre.

Y al final de tu sí, que es el inicio, cuerpo y totalidad de la materialización de tu *hágase en mí...* surge la nueva senda que conduce a la nueva Jerusalén, a la conformación de una esperanza que incorporará y a su vez será posesión de todos los conversos solidarios con tu compromiso de amor; compromiso que se transforma en nuestro a partir de vos, la llena de gracia.

Sí... silencioso como caricia envolvente, como caricia escondida en los pechos cuyo eco estará presente hasta la consumación de los siglos: en los valles, cañadas, comarcas y ciudades para acompañar la prisa y el cansancio de nuestro vacilante peregrinar, fortaleciendo ilusión y voluntad que nos hará vislumbrar las potencialidades de nuestro compromiso bautismal. Compromiso y tarea hacia la construcción del reino para abrir todos los días en el nombre del hijo y con la presencia agradecida de la madre, las puertas y murallas de los miles de Nazaret que se encuentran diseminados por todos los rincones del mundo.

Según tu palabra

Por la preferencia del Padre, la escogencia del Hijo y el abrazo del Espíritu Santo, ¡dichosa y bienaventurada María!... hasta la eternidad de los tiempos, por haber creído y esperado con alegría en que todo sucedería, porque todo lo incorporaste como verdad tal como te lo comunicaba el ángel, porque desde tus palpitantes labios florecieron las palabras convertidas en versos de amor que determinaron la historia y por consiguiente tu historia, en un "antes" y un "después".

Historia de María, historia del hombre bautizado con la historia de la salvación. Dos momentos distintos que nacen de una misma ilusión en el Padre, el "antes" o etapa de preparación conformada de manera total por un proyecto de alianza, por una intención perenne que propicia el encuentro con el hombre en los sitios transitados por su propio caminar, prolongación en el tiempo que retardó la culminación del proyecto, miles de años de espera, proyecto que al fin para poner en marcha el mismo Dios, esperó con paciencia de siglos la restauración de los signos: en Abraham, en Jacob, en David, en Moisés y... tantos hijos agradecidos que se gozaron en la aceptación de la alianza.

Y un "después" enmarcado en tu figura bella, preciosidad que se origina con júbilo de misión en el instante mismo de la Anunciación. Diálogo y espera, como paso previo al nacimiento y desarrollo del Dios-Hijo... Jesucristo que habría de venir como protagonista y garante de la nueva alianza; sacrificio y misión, para luego marcar el recorrido en el caminar, en el sufrimiento ofrendado en el lapsus del martirio, la humillación, la incomprensión, la persecución y la indiferencia lacerante de los suyos ante el reír y vociferar de los otros, frialdad y desprecio acumulándose en tu tiempo y en el tiempo de los siglos, hasta conformar la entrega de su cuerpo y de su sangre derramada por muchos, como ofrenda de la nueva alianza, anunciada en la última cena (Lc 22:19-20).

Por ser la *amada y favorecida*, respondiste con la vida y la palabra a las exigencias salvíficas de esa historia, bendita realidad que nacía y se forjaba en el corazón del cielo y por iniciativa del Padre, acontecimientos que se fortalecieron ilimitadamente en tu mansedumbre y compromiso. Por consiguiente, fue de manera natural conforme los designios del Santo, Santo Yahveh, que tú ser ocupó el lugar que la eternidad te tenía reservado, y... te encaminaste a la cristalización de los planes en estricta correspondencia a la sabiduría y el amor del cielo.

No vacilaste en decir ¡presente!, ante los retos de la historia, exponiendo tu nombre y tu honor a "los decires" con que el mundo pretendería marginarte y en el extremo de los casos... señalarte; entregaste tus condicionalidades de mujer respetuosa de las leyes, criterios y costumbres que regían el hacer con que se gobernaba la sociedad y tu pueblo israelita. Conocías los riesgos resultantes del "vas a quedar embarazada", y, sin embargo, no demoraste tu respuesta para supeditarla a la consulta y posterior aprobación de los sabios y maestros en las escrituras y las ciencias, de los jerarcas y ancianos respetables, gente eminente y notable, que podían haberte protegido con el beneplácito de su palabra, o con el peso que emanaba de su importancia o su mando.

Te fue dicho: *vas a tener un hijo,* y en ese instante de mensaje y voluntad divina, tu mente eliminó todo argumento, que sustentado en la duda, el interés o la lógica aplaudida por el mundo se interpusiera en el camino de la aceptación y la obediencia *Hágase en mí...* pero, según tu Palabra, requisito efectivo y afectivo dedicado a aquel, que habitando plenamente en tu corazón y tu mente... saturaba tus sentimientos, orientando tu palabra, tu vida y tus ilusiones hacia los confines más altos y profundos que habitaban la misma creación.

¡Imagínate!, no te bastó la entrega total, absoluta, incondicional que de tu persona regalaste al Padre, sino que aún le añadiste la autorización: *Según tu palabra*; fue la expresión de amor y de confianza ilimitada hacia la voluntad suprema del omnipotente. Era el rasgo de tu renuncia que quería gritarle al ángel que tu voluntad y aun vos misma podían anularse, podían no tomarse en cuenta si con ello te convertías en canal e instrumento para la concretización de los planes.

Bello rasgo de tu personalidad que jamás se perdería, reflejándose en la historia de la salvación treinta y cuatro años más tarde en el Getsemaní de Jesús, fiel recordatorio de tu Nazaret de hoy, cuando el Verbo hecho carne y que en este instante aceptabas en tu vientre, repitiera tu gesto de total abandono en un acto de absoluta pertenencia a la voluntad del Padre: *que no se haga mi voluntad, si no la tuya (Lc 22:42).*

Y en la vivencia emocionada del encuentro, le diste su lugar y contenido a las motivaciones que surgieron de tus labios. Te bastaron tres sencillas palabras para recorrer el universo, para remontar al infinito el sentir más profundo que revelaba la transparencia de tu cariño, sentimientos de niña que exteriorizaban la sinceridad con que adorabas a tu rey, rey omnipresente en tu vida y tu destino a quien tu corazón y tu mente había aceptado y prometido serle fiel.

Predisposición a la entrega incondicional y absoluta, ejercida desde los primeros años de aquella niña santa que poco a poco fue creciendo en el pueblo, desarrollo infantil entre juegos, ocurrencias y risas cantarinas, obediencia ante el encargo materno de pequeñas, pero "grandes" ocupaciones hogareñas y la primorosa dedicación y embeleso ante el altar del humilde templo de su pueblo. Por lo tanto, era el ángel... hoy, en el tiempo de María, quien penetraba en aquel ambiente conformado por la sencillez pueblerina, por la naturalidad humilde del hogar habitado por María. Irrupción celeste que, en el desempeño de su encomienda, participaba alegremente como delegado de la providencia, como testigo directo del cumplimiento de la promesa, encarnada en la aceptación por dedicar tu vida a la complacencia y felicidad de aquel, que *desde antes que fueras... ya te había soñado.*

En los días y noches restados amorosamente a tu existencia, el altar que presidía el templo en tu querida Nazaret, guardaba como custodio el palpitar de los continuos momentos que, en sublime arrebato de fiesta, te introdujeron a la más excelsa intimidad de los cielos. Ese mismo altar, que siendo presencia y morada de la gloria de Yahveh cobijó tus anhelos, bendijo los afanes por hacer de tu vida un trocito de maná; alimento de amor que mitigara a su paso la desesperación y el hambre por transformar la vida de los miles de caminantes, que no han tenido más disyuntiva que sufrir los rigores del desierto, desierto en soledad... de presente y de futuro.

En todo fuiste sublime pedacito de universo, pedacito de eternidad que acaparaste la alegría del cielo con tu incomparable "hágase en mí". Qué sonrisa más agradable proporcionaste al Dios de tus padres, al verdadero y único Señor de tu pequeño señor... José de Nazaret, alegría y decisión esperada, cuando calificaste tu entrega supeditándola al querer de tu adorado Yahveh. No se te ocurrió añadir ningún concepto tuyo, ni tampoco expresar ninguna condición, todo lo dejaste a la excelsa voluntad del altísimo sabiendo que era lo mejor, te bastaron las palabras que te dirigía el Padre, y en un gesto de absoluta dependencia... le entregaste todo, completamente todo lo que involucraba tu ser.

Lógicamente por ser María, María de Yahveh, ni siquiera se te ocurrió pensar que existían las añadiduras que, de acuerdo con los criterios agradables a cualquier mortal, debían proporcionarte alguna utilidad, ganancia apetecible conforme a la escala de valores que gobierna al mundo. Por ser María, María de Yahveh, tampoco se te ocurrió pedirle al cielo su protección, para que contrarrestara con todo su poder los convencionalismos que afectarían tu honra de mujer.

¡Qué lejos estuvo la vanidad!... que no habitó en vos, para solicitarle, por ejemplo, al Padre, te concediera al menos, ocupar un lugar muy especial, posición privilegiada que te distinguiera ante los influyentes de tu pueblo y tu generación, o a lo mejor, un cargo de envidiable reputación, de mucha autoridad y mando en el futuro reino del hijo de tu Señor, quien conforme a lo anunciado sería grande, tendría el trono de David y gobernaría por siempre al pueblo de Jacob.

Por todos estos atributos y virtudes que fueron parte integral de tu existencia... ¡gracias María!, porque, además, en tu entrega y docilidad se encarnaron para siempre las debilidades y fortalezas, las desesperanzas y esperanzas de los hijos de Eva quienes, necesitados de redención, gemían bajo la larga espera del Mesías anunciado.

¡Gracias, infinitamente gracias...! María, porque en tu pureza y docilidad se remontaron al cielo las lágrimas de los niños, que con gemido inocente le presentaban al Padre la ofrenda de su llanto como tributo sin mancha que festejaba el encuentro. ¡Gracias, María!, porque tus lindos ojos se convirtieron en un par de luceros que escudriñaron e iluminaron la noche, noche triste y noche oscura que se cernía como sepulcro de incertidumbre y un mañana sin sol.

¡Bienaventurada María!, porque lo poco o mucho que dijiste no te lo reveló la carne ni la sangre, si no que por tu boca se manifestó el Paráclito[56], que algunos años después, el bendito fruto de tu vientre prometería y enviaría para protección y guía de los hijos de la luz.

¡Hasta en ello, María!, hasta en la anticipación de lo que después sería, fuiste la piedra sólida que utilizaba el gran arquitecto para soñar ante lo que vendría... en la construcción de su futura Iglesia. Posteriormente surgiría Simón Pedro, primer obispo de Roma, para estructurar de manera visible y encargarse como cabeza de la Iglesia, de las múltiples tareas que demandarían los tiempos y el cuidado de las ovejas que conocerían la voz de su pastor: *Tu es Petrus, et super hanc petram aedificabo Ecclesiam meam*[57].

¡Cuántas cosas facilitaste María!, al adherirte incondicional y alegremente a la realización de los planes de acuerdo con los criterios de tu Dios; cuántas cosas pudiste haber dificultado o convertido en caminos diferentes, si en vez de haberte incorporado dócilmente al mensaje trasmitido por el ángel para que todo sucediera conforme al deseo del cielo, hubieras transformado la respuesta en una aceptación insegura o condicionada a la satisfacción de otros valores, de otros sentimientos, de otros intereses.

O a lo mejor, si te hubiese faltado un poco para ser la llena de gracia, quizás el tiempo de la nueva alianza se habría postergado, el Verbo (la Palabra) hubiese continuado habitando frente al Padre sin habitar entre nosotros, Juan no hubiese podido señalar con inmensa alegría a los hombres de su tiempo, la presencia de la Promesa: *Ahí viene el Cordero de Dios...* y el anciano Simeón hubiese fallecido sin que sus ojos vieran antes al Cristo revelado: *Porque mis ojos han visto a tu Salvador (Lc 2:30).*

---

56 Nombre dado al Espíritu Santo.
57 Tu eres Pedro, o sea piedra, y sobre esta piedra edificaré mi Iglesia... (Mt 16:18).

Sin embargo, todo sucedió de acuerdo con lo que el Eterno desde siempre había planeado, ni un signo de la Palabra fue conmovido ni alterado por algún mínimo intento de transformar lo anunciado, más bien, el *hágase en mí según tu palabra*, adquirió la solidez inquebrantable que le constituía en la única respuesta, aceptación y compromiso que, de manera natural como fruto de la gracia, celebraba el inicio de una nueva alianza que vendría a sustituir los acuerdos, quebrantados de la antigua alianza, desobediencia, rechazo como resultado de la incapacidad del hombre para substraerse del pecado.

¡Bendita María!, porque en la sobreabundante gracia que te regalaba el Padre, nació la poesía que endulzó el corazón y los oídos del amor cuando dijiste: *Según tu palabra*. Sentimiento de mujer y madre que como ofrenda depositabas al pie del futuro pesebre, arrullo de cuna enamorado, abrazando desde ahora el nacimiento que sería entregado al mundo por los anhelos infinitos del cariño de Yahveh.

¡Cuánta sabiduría!, pero sobre todo ¡cuánta cercanía con el querer del supremo hacedor!, identificación y compromiso solemne desde el preciso instante en que de vos surgía la alegría de tu sí, alegría interiorizada en el abandono, en la aceptación de aquella encomienda de amor que transformaba radicalmente tu vida para entregar la transformación en la vida de los hombres, cambio radical dirigido hacia horizontes jamás alcanzados por criatura alguna, transformación en los cielos de Nazaret que orientaban tu vida hacia los hechos queridos por el Padre, amanecer luminoso, que en estricta confirmación de la Palabra, se prodigaría como torrente de bendiciones en aquel recorrido interminable, para atraer al hombre hacia la historia más tierna y sublime, salida de las entrañas del amor y la misericordia del cielo.

Jeremías, presencia de profetas

Muchos años antes el amigo y portador de la palabra de Yahveh: Jeremías de la ciudad levita de Anatot (626 años a.C.), hijo de Hilcías y descendiente de una ilustre familia de sacerdotes, te había vislumbrado a ti... María de Nazaret, cuando con su limpia y transparente mirada de profeta dirigida hacia los tiempos venideros, había contemplado tu presencia de niña, tu presencia de madre, tu escogencia en aquella hermosa alianza, en que por iniciativa del cielo se incrustaba en el porvenir de la vida de los hombres: *Vendrán días, palabra de Yahveh, en que Yo pactaré con el pueblo de Israel una nueva alianza (Jer 31:31).*

De sus labios juveniles de profeta, emergieron las palabras que mantendrían su frescor ante el paso de los siglos, palabras de sabiduría, de varón ungido y escogido para acercar con su alerta, el conocimiento de la venida del Cristo, apresurando los acontecimientos de la historia, para esparcir anticipadamente la buena nueva que alegraría el corazón de las generaciones venideras.

Palabras de profecía resguardadas en los rústicos pergaminos[58] hebraicos que aún seiscientos veintiséis años después continuarían transmitiendo el mensaje de esperanza, mensaje de salvación, que conocido, comentado y compartido en los hogares, sinagogas y caminos, alimentarían la confianza, la seguridad de que el final de la espera se fundamentaba en la fidelidad del cielo para honrar sacramentalmente sus promesas, así como la intención insistente y amorosa, por rescatar al hombre de su reino de inconsciencia y de pecado:... *Pondré mi Ley en su interior la escribiré en sus corazones, y yo seré su Dios y ellos serán mi pueblo (Jer 31:33).*

---

58 Material extraído de la piel de ciertos animales con el fin de utilizarlo para la escritura.

En Jeremías, como fiel característica de lo acontecido posteriormente con María, se evidencia la permanente voluntad por privilegiar lo sencillo, lo humilde, la semilla, que creciendo en la maleza, en el desierto y aun en la dura roca marginada, no ha sido estimada ni reconocida como origen del árbol de buen fruto; al contrario, ha sido abandonada, pisoteada, arrinconada hasta el extremo del desprecio y de la burla, o al menos, tenida como "cosa" irrelevante en la obtención de los frutos que enorgullecen a los hombres. Es en esta "irrelevante" semilla en donde Yahveh se recrea trasmitiendo fortaleza.

Fortaleza que envuelve con ardor las debilidades y tristezas de los más necesitados. Fortaleza en el dolor y las angustias para penetrar con profunda ansiedad en el silencio sufriente de los más necesitados, encarnándose para ello en la voluntad, los sentimientos y el trabajo misionero de sus elegidos, trabajo cotidiano asumido como amante apostolado, como misión delegada en la gran cruzada universal que involucra la transformación del hombre y sus ambientes.

Fortaleza en fin, para correr al encuentro de los que le buscan con sincero corazón, de los que le llaman y aun de aquellos, que sin haberse dado cuenta, sufren el vacío implacable de la ausencia; vacío cruel que les condena a un estado de orfandad y frío, multiplicando la infelicidad contenida en el adormecimiento espiritual del hombre, infelicidad que se contrapone a la esperanza de las sedientas multitudes, que sin renunciar a la necesidad de la búsqueda, se acercan cada vez más, descubriendo la presencia progresiva del que dijo: *Nadie puede venir a mí si no lo atrae mi Padre que me envió... (Jn 6:44).*

Fortaleza actuante del buen Dios, quien acompaña en las caminatas a los suyos, caminatas sudorosas por las sendas polvorientas de la vida, que le llevan a encontrar y habitar los refugios y rincones donde ocultan sus clamores y su llanto las criaturas indefensas, aturdidas y agobiadas por el peso de las cargas. Tristes criaturas sin pasado, sin presente y sin futuro, vacilantes ante el mundo y vacilantes ante el santo, santo, y que aferrándose a sus miedos o a su audacia disminuida, se encuentran atrapadas en la indecisión que les lleva a la inercia resignada; quietismo espiritual que les sujeta e impide ejercer la libertad, conocer la verdad como fuente del sentido glorioso de sus vidas: U*stedes serán mis verdaderos discípulos si guardan siempre mi palabra; entonces conocerán la verdad, y la verdad los hará libres (Jn 8:31-32).*

También se manifiesta en el timbre sonoro y franco de sus escogidos, hombres y mujeres que, desde antes de iniciar su proceso formativo en el vientre de la madre, fueron esculpidos corporal y espiritualmente por el sueño ilusionado de Yahveh, sueños de redención, para confiarles la misión de hacer presente en ellos, el calor de las ansias infinitas por abrazar, a la inmensa multitud que, suspirando por el amor, anhelan y claman las caricias de su Señor.

Hombres y mujeres especiales, bajo cuyo apostolado penetra los espacios y los tiempos el inmenso celo de Yahveh, anunciando las buenas nuevas a través de sus heraldos. Mensajeros que, de manera valiente, denuncian las inclinaciones profanas, que aunque agradables al instinto humano, ofenden la fidelidad y pureza de El Elyon[59] lastimando seriamente la presencia del Espíritu Santo en cada hombre y mujer.

Pues bien, estos hombres y mujeres que honraron con su vida la vocación natural de servir a su Señor, se gozaron y fueron a la vez fuente inagotable de regocijo, portadores de la infinita compasión por el mundo y por los hombres en su agónica existencia. Sin embargo, es en María donde se conjugan de

---

59 Del hebreo "Dios Supremo o Altísimo" (Gén 14:17-22; Sal 78:35, 91:1-2; Dan 4:34; He 16:17).

manera excepcional los alcances y virtudes que la convertirían en misionera de un nuevo modelo, de una nueva expresión como forma de vida diferente para insertarse en el proceso de la salvación. Noticia jubilosa que se extendería velozmente por todos los rincones del planeta, impregnando los ambientes, transformando voluntades y enamorando corazones, para asumir la conversión como respuesta a la generosa donación de la presencia del Padre.

Por lo tanto, es indiscutible que, a partir de la *llena de gracia o llena de santidad,* se revitalizan los tiempos nutriéndose de mensajes, vivencias y esperanzas que, motivadas por el Espíritu, van interpretando los signos de los tiempos, discernimiento cuya fuerza y motivación trascendente, irá conformando y anunciando a los limpios de corazón el advenimiento de la *plenitud de los tiempos.*

En consecuencia, nadie podrá negar la grandeza y excelsitud de la única mujer que el mismo Dios inspirara y pusiera en boca de los profetas, para ser mencionada y proclamada con un señalamiento especial a las futuras generaciones, y su existencia asociada como la novia de Yahveh. La mujer que por su entrega y humildad es baluarte y esperanza de los desesperados, de los acosados por los endiosados hombrecitos. Hombres y mujeres que han venido atravesando la historia esperando ese gran día, día glorioso en que el Dios que vive... Yahveh de los ejércitos, vendría a morar por siempre al alcance de su pueblo*: Canta, llena de gozo, Oh hija de Sion*[60]*, pues mira que yo vengo a quedarme contigo, te lo dice Yahveh (Za 2:10).*

---

60 Colina donde estaba ubicado el templo de Salomón (Sal 5:7, 2:6, 87:2-3, 132:13).

El ángel se retira silencioso

Y en la medida que el tiempo se agotaba entristecido, marcaba cada vez más agitado la despedida paulatina de aquel trascendental encuentro.

Comenzaba a forjarse de manera silenciosa en aquel humilde rincón de Galilea, y sin que la inteligencia orgullosa de los hombres lo notase, el nacer de una nueva historia, historia que a partir de tan amoroso evento estaría impregnada de esperanzas y de sueños, realidades y valores que sustentarían la ilusión del "hombre nuevo" como sujeto de nuevas circunstancias, de nuevas perspectivas ante la incertidumbre y riesgos de la vida. Criatura transformada en sí misma como efecto de la influencia de la gracia, y cuyo perfil se delineaba en este instante bajo los trazos maestros del consagrado arquitecto de los tiempos y las cosas, del espacio y el "no espacio", de lo evidente y lo misterioso, de lo infinito y perecedero.

Acompañando el júbilo que envolvía a la naturaleza, escenario de aquel solemne encuentro, se entrelazaban y materializaban el eco de aquel silencio profundo y majestuoso, silencio impresionante en su silencio, que multiplicaba la sonoridad escondida de lo eternamente imperceptible; eco de la vocalización del ángel, eco del palpitar apresurado de aquel corazón de niña, eco de los gemidos temporales por continuar acariciando la "presencia" que daba un nuevo sentido a la esperanza, eco de los suspiros de la amada y favorecida, anunciando el inicio de la nostalgia por aquel tiempo y aquel espacio que vestidos de gala, compartieron la cita con el Padre.

Nostalgia impregnada por la musicalidad de los saludos del ángel, por las miradas ingenuas de la madre naturaleza en estrecha complicidad con las miradas de la divina naturaleza, nostalgia por el silencio profundo que guardó su compostura, como anuncio y preparación de los cantos delicados de cuna que, ambientarían algún tiempo después, aquella estancia o lugar convertido en santuario, en morada de los sueños y tareas que germinarían para encaminarse ansiosos hacia la construcción de un nuevo paraíso.

Nostalgia por los piropos del cielo que enamoraban con cariño santo, tu tierno corazón de niña linda, nostalgia por aquel pedacito de universo, de la bóveda celeste que besó tus labios frescos en la sonrisa con que besabas al Padre, nostalgia por aquel aliento y aquellas manos etéreas que recorrían tu cuerpo, saturando tu epidermis con el amor más puro y santo que provenía de la casa del Padre.

Nostalgia en fin, por el temblor que producía el pensar que se pudiera escapar la abundancia de la vida descubierta y saboreada, alegría y felicidad en aquel fugaz instante que anticipaba las mieles de la prometida y ansiada eternidad. Nostalgia y solidaridad con la pobreza de tu suelo, tierra bendita que a partir de ahora pasaría a convertir a tu arrinconada y anónima Nazaret, en centro de convergencia de las caravanas del cielo, como un paso obligado para encontrar a los hombres.

Y... a pesar de que la eternidad vino en su totalidad a tu encuentro... ¡te fuiste quedando sola!, sola con tu alegría, sola con tu ilusión, completamente sola para emprender la misión desde aquel bendito instante y lugar que aprisionó la pureza de tus sonrojos, el leve temblor de tus labios que sin duda pasó inadvertido para la interpretación profética que enriquecería el querer de las presentes y futuras generaciones, leve temblor emocionado que únicamente las inmensidades celestiales gozarían y grabarían para la memoria eterna; complemento de la felicidad, que habitando en la morada santa, se hacía presente habitando en la morada terrena.

Y así, en el tropel apurado de los minutos y las horas, el tiempo, indetenible tiempo, fue recobrando el dinamismo adormecido por la inactividad de aquel descanso, regresando poco a poco a la rutina, a su envejecer por los siglos de desierto que encerraron la alegría y la conciencia de los hombres, hasta llegar a convertir su caminar en una marcha grotesca y vacilante, sin rumbo. Transitar y correr en la prisa de los hombres, apresurando la huida de sí mismo, de los otros… con los otros, en un "acompañarse" en aquel recorrido solitario mutilados por la intriga, el egoísmo, la traición y… lo que es peor aún, mercantilizada la sonrisa como baratija en subasta disponible al regateo de los intereses y ambiciones, bajo una escasez de transparencia y lealtad que ofende la ingenuidad de los sentimientos.

¡Qué lástima, María!, tener que entender y aceptar calladamente el final de aquella fiesta, de aquella celebración solemne que inundaba tus sentidos de alegría, alegría de presente y de futuro, alegría de este mundo, alegría de los hombres sencillos y humildes que algún tiempo después se identificarían con tu hijo.

Por ello, y ante el apuro del tiempo que se iba, fue necesario que a tu renuncia de mujer "normal" dentro de una sociedad determinada y gobernada por principios y valores dictados por los hombres, deba suceder a escasos minutos del inicio, la aceptación y el retiro voluntario de aquel mínimo espacio y mínimo tiempo, que significó una nueva renuncia a la felicidad y al éxtasis que con seguridad empapaba y desbordaba tu entendimiento, tu voluntad y tu cuerpo, hasta límites incomprensibles desde la perspectiva de una común y aún genial capacidad humana.

Con cuánta razón descubrieron tu existencia en la profundidad de los tiempos, los profetas y emisarios que con su voz y su vida multiplicaron el conocimiento y la esperanza, el anhelo de vos, precisamente vos ¡María de Nazaret!, tendrías que venir un día como estandarte, como la virgen embarazada, como templo sagrado, portadora del cuerpo y la sangre que alimentaría al paso de los siglos, la perennidad de la Iglesia como mensajera del reino, como testimonio vivo de que el seguimiento es posible, en tanto y cuanto, la respuesta y la vida se asemeje a la tuya.

Por consiguiente, hombres y mujeres que duermen, nacidos y no nacidos, de sus pechos inflamados de admiración y cariño, deberán surgir los cantos y los poemas, los gestos y alabanzas que proclamen a los vientos del Sur y del Norte, del Este hasta el Oeste, la grandeza y presencia inmortal de María.

Proclamar al viento

Entonces... horizontes y fronteras
que demarcan los límites de lo material e inmaterial,
de lo inconcebible y lo apenas entendible;
¿cómo callar cobardemente,
ocultando la profunda algarabía
que se esconde en nuestros pechos?
¡Cómo no pregonar con voces y resonancia de trompetas!,
¡cómo no encarnar la vocación jubilosa!,
de aceptar... reconociendo,
que apenas es justo y necesario
inclinarse con toda reverencia,
ante la diáfana pureza,
la excepcional grandeza
de quien cobijó en su cuerpo,
de quien entregó su sangre,
para que corriera por las venas
de la misma eternidad.

(Emilio)

¡Cómo no proclamar, María, la voluntad expresa de esa misma eternidad que quiso habitar en vos!, ¡cómo no proclamar ante todo el universo, que tú fuiste la primera hostia que guardó en su cuerpo, la carne y la sangre del cordero! Víctima propiciatoria enviada por el Eterno, para coronar la misión en la cual tú ya participabas, desde el instante mismo en que te soñaba el Padre.

Fuiste con mucha anticipación la antesala del Bautista, predicando con tu gozo y tu esperanza la futura redención de los tristes y agobiados, de los cansados e indefensos por la terrible soledad con que los cobijaba el mundo; cruel estado de marginación ante la indiferencia de los señorones del imperio, los "buena gente" del Sanedrín[61] los regentes y sacerdotes de los templos, y tantos y tantos más, que tuvieron en sus manos el consuelo mitigante para enjugar el llanto de aquellos rostros marchitos de mirada suplicante, que vivieron y murieron sin descubrir tu nombre, tu cariño, tu regalo... Jesús de Nazaret.

María dialoga con José

Y el tiempo comenzó a sentirse preocupado, insatisfecho porque él mismo se agotaba, se perdía en los recodos de su propia existencia que le iba entregando la cronología por donde transitaba su vejez y muerte. El viento con sus ráfagas refrescantes y cansadas por el correr y correr hacia un destino incierto, hacia la morada final que no la encuentra, con sus sombras de descanso... escondidas, se fue agitando el silencio en aquel reposo imprevisto, en el acomodo tranquilo y satisfecho que gobernaba el oasis de ensueño habitado por el cielo y por María. En tanto, los destellos de luminosidad que bailoteaban al amparo

____

61　Tribunal formado por setenta miembros para resolver asuntos de carácter interno del pueblo judío.

de una tarde en retirada, comenzaron a teñir sus diurnos ropajes con los tristes colores que anunciaban la noche que venía.

Y poco a poco sin que fuese lo mejor que tú querías, te fuiste retirando inquieta y pensativa, sin prisas y sin temores, caminando, avanzando, acortando la distancia entre lo que vendría y lo que ya era. Caminabas sin duda lentamente al encuentro de tu predestinado José, para dialogar del ángel, para compartir tu dicha que era también la dicha de los tuyos, para comunicarle a él, y en él al mundo, la llegada sin tardanza del divino redentor.

Casi te podemos imaginar en aquel éxtasis de entrega desbordante, con tu pecho rebosante de felicidad incontenible, felicidad palpitante y a punto de reventar, tu caminar impaciente sin deseos de reposar, tus palabras detenidas y prudentes saboreando con deleite una verdad, verdad conocida en siglos, verdad realizada hoy.

Al llegar a la presencia de quien complementaría tu hogar, iniciaste aquel diálogo que te llenaba de entusiasmo, repetiste una y otra vez lo ya contado y en aquel decir y decir, de seguro muchas veces la emoción, la sonrisa y el rubor cubrió tu rostro, multiplicó tus gestos y palabras. Cuánto bien te hizo tu prometido José, el hijo descendiente de Jacob, cuando en el más bello gesto de estimación y respeto a tu credibilidad y pureza, fue capaz de creer contra toda lógica enmarcada en la inteligencia terrena, de aceptar a pesar del malicioso discernimiento de las fronteras humanas, de asimilar las razones que sustentaban los hechos como fruto incuestionable de la voluntad divina.

¡Cuánto corazón en un descendiente de David!, ¡cuánto asombro en un corazón sencillo! Bastaron posteriormente las palabras explicativas del ángel para tranquilizar su sueño: *...porque la criatura que espera es obra del Espíritu Santo, (Mt 1:20)*. Bastaron como punto final, las seguridades percibidas en el sueño para comprender lo que, en la escala de valores o antivalores de los hombres, únicamente hubiese conducido a la duda, la incomprensión y la condena lapidaria.

Sin embargo, a pesar del misterio y la profundidad de los sucesos, su corazón permaneció quieto y sereno ante las múltiples tentaciones que debieron recorrer su mente; estabilidad racional y sentimental sometida al bombardeo corriente de los hombres, malicia y duda que conduce "normalmente" a la incredulidad, a la infame servidumbre que acaricia zalamera los criterios de los pueblos.

Pero... como fiel resultado de la escogencia que de su persona había hecho el Creador, las reacciones y actitudes normales no alcanzaron a confundir su corazón, a desestabilizar lo ya trazado desde siempre, como para que le indujesen a entorpecer los designios de lo alto.

¡Qué sencillez y confianza!, demostrada en el silencio de sus sentidos y sentimientos, silencio que rechazó las insinuaciones del mundo para penetrar victorioso en la meditación reflexiva de los hechos. Fue esta actitud la que le permitió abrirse a los frutos de la certeza que proviene de la fe y seguridad, en que sin más evidencia que el amor prodigado por el Padre y la confianza plena en la futura María de José, le invitaron a esperar contra toda suspicacia y malicia humana, a confiar en que más allá, allá en el fondo del vacío inexplicable, se encontraban extendidos los brazos de la certidumbre amorosa, certidumbre en el Padre como garantía segura de su misericordia.

Considerando la magnitud de tan especial encuentro y proyectándonos en el correr de los siglos que han acumulado dos mil años, ¿cómo poder plasmar la respuesta de María, la presencia del cielo y el dormitar indiferente del mundo? Es muy difícil apreciar lo acontecido desde la comprensión y visión meramente humana, comprensión y aceptación sustentada en la lógica, la multiplicidad de interpretaciones o relatos simplemente fragmentados. ¡No!, es el creer modelado en la fe lo que evidencia y vivifica lo acontecido, lo que traslada durante los dos milenios de envejecimiento de los hechos y las cosas, aquel maravilloso diálogo que desbordó la habitual sordera de los hombres.

Momento especial manifestado en las expresiones de una mujer sencilla, mujer de pueblo arraigada a la cultura de su tiempo, acostumbrada a escuchar y callar, a exteriorizar palabras, opiniones y vivencias, en la medida que las costumbres de su tiempo y de su pueblo lo admitían.

Por lo tanto, considerando la actitud asumida por María en el momento de la "cita", nos resulta imposible imaginar que luego del encuentro hubiese dejado transcurrir el tiempo alimentando una indecisión, indecisión sustentada en la duda, la inseguridad o la simple posposición u ocultamiento temporal del mensaje, de la encomienda del cielo conteniendo una noticia, noticia de salvación, noticia de encarnación de la bendita promesa del Emmanuel, del por siempre esperado "Dios con nosotros" (Is 7:14; Mt 1:23).

Es por ello, que seguramente María de Nazaret tuvo que correr de inmediato en la búsqueda de José, del hombre providencial que acompañaría su vida y complementaría su destino genérico de mujer. Una vez encontrado el hijo de Helí, tendríamos que incorporar la interrogante de las condicionalidades, de las circunstancias que debieron favorecer la receptividad de José, la motivación que impulsó el deseo de escuchar lo que María narraba, de manera que el recuerdo descrito paso a paso, pudiese ser soportado por la "lógica de la fe".

La existencia y profundidad del diálogo sostenido por la pareja, los pormenores del encuentro, y los minutos posteriores que "aliviaron" el ritmo emocional del cuerpo de María, evidenciaron las limitantes que afectaron de seguro aquella comunicación humana: fluidez en la expresividad oral, retención memorizante para narrar integralmente lo vivido, influencia de las emociones y sentimientos que surgieron como fruto de los acontecimientos, adecuación de vocablos, frases y expresiones que guardaran fidelidad con la excepcionalidad del evento, objetividad en las inferencias y percepciones superando las fronteras corrientes de la intuición, el conocimiento y la experiencia.

Por lo tanto, ante el profundo significado de lo acontecido, los escasos elementos narrativos trasladados en el tiempo, las barreras culturales y la caracterización de la fe que hemos venido sustentando los pueblos en la historia; convierten nuestro saber y enjuiciamiento de los hechos, en una peligrosa aventura cuando tiende principalmente a subestimar la relevancia y el protagonismo de María. En consecuencia, ¡cuánta riqueza perdida! en el vacío informativo que desconoció los primeros pasos de María, vacío cómplice y a la vez culpable, que le restó dimensión al tiempo y a los preparativos de la carta de ciudadanía que tendrían que adquirir los acontecimientos que venían; programación eterna de sucesos que ya palpitaban en María, asomando su presencia, en la cercanía y anhelo de consumación de los minutos y las horas asignadas a entregarle su existencia.

¿Cuántas cosas habrá que discernir?... virgencita invocada en Cacaolí[62] para extraer del espacio que habitaban tus miradas, tus palabras, tus pasos y tu figura, todos los hechos que enriquecieron y transformaron la historia, pero que lastimosamente muchos de ellos quedaron en el silencio olvidadizo de los siglos, en la desinformación como fruto de la omisión,

---

62 Caserío rural en el municipio de Somoto, Madriz, Nicaragua.

interpretaciones sectarias, desconocimiento, o quizás la cruel indiferencia con que se valoró tu escogencia, tu sumisión, tu aportación única y escogida para la causa del reino.

Por lo tanto, virgencita campesina de la tierra Palestina, virgencita galilea de tu pueblo nazareno; ¡por favor! y... por tu amor, tendrás que perdonarnos hasta "setenta veces siete" la acostumbrada y heredada manía de ignorarte, de esconderte bajo las vestiduras harapientas que envuelven nuestra soberbia, nuestro indebido comportamiento expresado en las manifestaciones de un simple y vulgar complejo machista.

A nuestro afán desmedido por confundir la sabiduría del hombre con la sabiduría del cielo, prácticas e interpretaciones de la Palabra, conforme a la aceptación y orientación de falsos profetas, guías ciegos, multiplicadores del error y del engaño, apacentadores de rebaños indefensos como efecto de las medias verdades que les niegan u ocultan una madre, convirtiendo el limpio corazón sediento de cariño, en un triste y solitario corazón bautizado por el llanto de la orfandad materna.

Sin embargo, a pesar de todo lo que el mundo te tenía reservado, saboreaste tanto la felicidad y la dicha, que jamás se te ocurrió pensar que tu sonrisa, tus ilusiones, tu adhesión a los planes del Padre, transformarían tu vida hasta límites insospechados. En cada frase exteriorizada y recordada posteriormente en tu silencio, encontrarías la fuerza motivante para la realización de un compromiso que no admitía retardación en su cumplimiento. Eras el amanecer de una misión que poco a poco iría iluminando la oscuridad de los días y las noches, la debilidad de la esperanza, para señalar el camino que a ti también te habían señalado.

Y comenzaste de inmediato, a lo interno de tu pequeña Jerusalén en proyecto, rinconcito hogareño que inundaste de alegría, de convicción y certeza en el cumplimiento de lo anunciado, de testimonio jubiloso portador de la vida y del espíritu que serían comunicados a los hombres, en la gran cruzada de redención que se gestaba en tu vientre.

Dialogaste mucho tiempo bajo el techo de tu casa, en realidad, ¿cuánto sería?; para luego de hablar, explicar, insistir, recomenzar... para descubrir continuamente lo mismo, la misma dificultad en José, las mismas barreras de la imposibilidad humana que le impedían comprender y asimilar el contenido de aquella entrevista. Tuvo que intervenir el cielo luego de transcurrido un tiempo que prolongó las explicaciones, ¡por fin!, al final del túnel donde habita la paciencia, se fortaleció la verdad agigantando su credibilidad en el corazón de José, fue sumamente importante la segunda intervención del ángel en el espacio de la casa de Nazaret, para alcanzar en su plenitud, la sonrisa confiada de quien siendo en ese instante tu prometido, llegaría muy pronto a ser tu esposo.

Fue decididamente en la tranquilidad del entendimiento que fluyó la armonía bendecida por Yahveh, sintonía entre dos almas, que lograron sustentar y compartir la aceptación y la gracia, para desbordar de felicidad el ambiente de aquel futuro hogar; fue a su vez la circunstancia propicia para reencontrar la nostalgia, la añoranza por los pasajes recientes que gravitaban en vos inundando tu corazón y tu mente.

Capítulo II

María e Isabel, comparten Su alegría

Y de pronto surge en tu mente el recuerdo de las palabras que te anunciaron el feliz embarazo de tu parienta Isabel[63], descendiente de una familia de sacerdotes: *...en su vejez ha quedado esperando un hijo, y la que no podía tener familia se encuentra ya en el sexto mes del embarazo; porque para Dios nada es imposible (Lc 1:36-37).* Este sencillo recuerdo bastó para que tus ilusiones movieran la voluntad, dirigiendo tus pasos hacia los cerros de Judá, en el distrito de Jerusalén donde habitaba tu prima en una pequeña "ciudad": la

---

63   Esposa de Zacarías y madre de Juan el Bautista (Lc 1:5).

irrelevante *Ain Karim*[64], aldea situada en la montaña de Judea a ciento cincuenta kilómetros de Nazaret y 7 km al oeste de Jerusalém, entre serranías y piedras, higueras, cipreses y cauces secos, clamores sin resonancia, existencia sin importancia.

No tuviste más que dirigirte a lo inmediato, impulsada por la alegría en aquel camino incierto, solitario y abandonado. Apresuraste tus ansias, apoderándote del silencio que se enfrentaba a tu paso para detener la marcha, para apaciguar tú impulso, para posponer la prisa que te encomendaba la providencia.

Sin embargo, el ritmo con que avanzabas, imponía cada vez mayor respeto allanándote el camino, intimidando al peligro que se escondía a tu paso. Lo inseguro de aquel paraje lo convertiste en leyenda, y el cansancio por la distancia que agotabas, no se dio por enterado, devoraste tiempo para consumir espacio que te acercara a la meta señalada por el ángel, como expresión y evidencia de que todo se cumpliría.

Algún tiempo después de iniciada la caminata... ¿quién sabe cuánto sería?, por fin tus ojos pudieron contemplar las inocentes figuras de aquellas chozas sencillas que, satisfechas en su pequeñez, rendían tributo a la inmensidad del firmamento en señal de reverencia, en señal de dependencia por ser materia salida de las manos creadoras del Padre.

Ante la estampa querida de aquel panorama humilde escondido en su timidez, se detuvo por un instante la mirada de María, para contemplar en silencio y con profunda admiración, el rinconcito huraño carente de ostentación, sin apariencia y sin brillo, sin la figura provocativa que impulsara a su posesión. Posiblemente reíste celebrando tu llegada, era tanta tu dicha que con eso te bastaba.

---

64   "Fuente del viñedo", lugar de nacimiento de Juan el Bautista (Lc 1:39).

Bajaste al caserío, y poco a poco tus pasos reconociendo el camino que conducía al hogar del anciano Zacarías, descendiente de Aarón (hermano de Moisés), te fueron llevando con prontitud al encuentro querido de aquella venerable pareja que, ante los ojos de Dios, pasaría a formar parte en la transformación de la historia... iniciada por vos.

Sucedió que al cruzar el umbral o puerta, que daba acceso a la intimidad de aquella estancia, tus sentidos potenciaron la capacidad de vivencia espiritual, percibiendo a lo inmediato, la armonía del ambiente que caracterizaba ese hogar como un lugar escogido, que desde seis meses atrás conforme te había sido anunciado, preparaba el camino que siendo parte de tu misión, tendrías que recorrer en aquella cruzada santa para regalar al mundo al que con razón sería grande, instaurador de un nuevo reino, reino infinito y eterno que daría cabida a una nueva humanidad.

Cuando tus ojos se posaron en aquellas figuras gratas, que apacibles y tranquilas descansaban en el interior de aquella humilde vivienda habitada también por la pobreza; en un gesto de alegría profunda y espontánea identificación, saludaste efusivamente a la querida prima Isabel.

¡Cuánta alegría surgió desde el bendito huésped de tu vientre!, que vibrando ante el tono conocido de tu voz, se sumó al festejo que el cielo había programado; reunión preliminar de quienes serían protagonistas en la oferta de la salvación, manifestando su presencia en medio de aquellos seres, que aunque insignificantes en la estrategia temporal del mundo, acentuaban su compromiso en la estrategia de la encarnación del Verbo, encarnación que posibilitó una nueva forma de relación que surgiría desde el corazón del hombre, hacia el corazón de Dios.

Fue tan expresivo el saludo del futuro rey del pueblo de Jacob, que el abrazo espiritual en que fundieron su felicidad y destino... el enviado del Padre[65] y el futuro pregonero del advenimiento del reino[66], que la emoción solidaria del encuentro, fue como la primicia que anticipaba las características de la misión para la cual habían sido engendrados bajo la intervención directa del Padre. Aquel sacrificio que determinó el final compartido de sus vidas, les convertiría en víctimas inocentes de la incomprensión, la altanería y el instinto de superstición y sangre en que se fundamentaba el poder, la vanidad y la ignorancia religiosa del pueblo, como consecuencia de la mala orientación y práctica tendenciosa de sus dirigentes: *Este pueblo se acerca a mí tan solo con palabras, y me honra solo con los labios, pero su corazón sigue lejos de mí. Su religión no es más que costumbres y lección aprendida (Is 29:13).*

No en vano el hijo de Isabel y Zacarías, escogido desde siempre para preparar las sendas del Cordero, desde la certidumbre y posesión del Espíritu, manifestó su reverencia ante la llegada de quien era la plenitud de Dios, saltando de gozo en la estrechez de aquel vientre elegido y bendito, para guardar aquella voz que "gritaría y clamaría en el desierto"; voz que invitaría a la conversión, a la adopción de nuevas actitudes, para estar presentes en la inauguración de los nuevos tiempos, como felices portadores del cumplimiento de las promesas: *Entonces llegará la salvación de Dios y todo mortal la contemplará (Lc 3:6).*

Por lo tanto, era una vez más, el eco de las palabras pronunciadas por Isaías, seiscientos veinte años antes, profecía que se incrustaba en el camino que tendría que recorrer la virgen embarazada para dar al mundo el destello de una nueva luz, de una nueva esperanza, que le permitiera descubrir al hombre las sombras que le aprisionaban, y férreamente le condenaban a cubrirse de tinieblas y de llanto. Sin embargo, la garan-

---

65 Jesús

66 Juan el Bautista, nacido 6 meses antes que Jesús.

tía expresada por el profeta de que la salvación sería evidente, presentó sus primeros rasgos de realización, rasgos jubilosos, inspirados por el Espíritu Santo, cuando impulsó a Isabel a exclamar con inmensa convicción y gozo: *Bendita eres entre todas las mujeres y bendito es el fruto de tu vientre: ¿cómo he merecido yo que venga a mí la madre de mi Señor? (Lc 1:42-43).*

Únicamente el corazón atento a la presencia y voluntad de su Dios, pudo ser capaz de descubrir en el momento preciso, la actualización de aquella profecía tantas veces comentada y esperada como señal de esperanza para los hijos de Abraham.

¡Qué felicidad para Isabel!, llevar en sus entrañas benditas, a quien tendría que preparar los caminos de su Señor; pero también, ¡qué excepcional y grandioso merecimiento!, ser llena del Espíritu Santo, plena de la gracia del Padre para poder alabar y reconocer en María, la mujer escogida por su Dios, la madre del Salvador: *Dichosa por haber creído que de cualquier manera se cumplirán las promesas del Señor (Lc 1:45).*

Sin embargo, el mundo

¿Y entonces... siglo XXI, América, Asia, Europa, África, Oceanía... universo entero? ¿Por qué continuamos esperando que las profecías se acerquen a nosotros, rehusando desplegar nuestras miradas hacia horizontes habitados por la conciencia y el espíritu? Vanidad de vanidades, sustentada en "verdades" proclamadas por los nuevos sanedritas, propietarios de la escritura, que interpretan a su antojo gozándose en la proclamación como fiel de la balanza, para descolgar al humilde en el vacío de la desesperanza, en el seguimiento equivocado de concepciones humanas.

Cuánta variedad de entendimiento, con las mismas palabras que interpretaron los sencillos y humildes preferidos de Jesús, cuánta prédica superficial, sin convicción, sin vivencia, sin amor y compromiso, sin haberse liberado de las maléficas amarras de la idolatría, el individualismo, la apariencia y la genuflexión ante las cosas materiales: *¡Hay de los que se esconden de Yahveh para disimular sus planes, y que toman sus proyectos en la oscuridad! y dicen: ¿quién nos vé?, ¿quién lo sabe? (Is 29:15).*

Quizás por ello, es que María continúa sin ser la invitada permanente de todos los ambientes en que por naturaleza divina debiese ser la reina, la mimada, la flor reconocida como la más bella y delicada, privilegio del hombre por haber sido extraída de los jardines del cielo para ser plantada en los jardines del mundo. En cambio, la ridícula pequeñez espiritual nos ha llevado a través del tiempo y los espacios, a obstaculizar su presencia en multitud de corazones, hogares e iglesias que, marginando su nombre, pretenden agradar al hijo disfrazando sus empobrecidas concepciones, en un pretencioso malabarismo de la conducta y la palabra.

¿Por cuánto tiempo María?, tendrás que recorrer el mundo conteniendo tu ansiedad de madre, para evitar tropezar con las señales conductuales que impiden tu presencia como prohibición expresa para no violentar la engreída sabiduría de instituciones, hombres y religiones que prefirieron desterrarte para no invocarte como madre. ¡Pobres de ellos mismos!, porque en su imprudencia y su ceguera, se condenaron y condenaron a otros al hiriente frío de la orfandad, a una fraternidad vacilante, postiza e incompleta, a una comprensión mutilada del amor en su expresión más sublime y cercana al sentido de la creación.

¡Cuánta falta y cuánto bien!, haría la presencia de Isabel[67] en nuestros templos, movimientos de iglesia, en nuestros hogares y familias, para poder descubrir con la sabiduría y el discernimiento de quien posee el espíritu del cielo, la visita y el saludo

---

67   Madre de Juan Bautista.

que llenaría de abundancia y fertilidad nuestro desierto; vida plena y gozosa, para entender y vivir la dimensión que involucra el poder exclamar como verdaderos hijos y creyentes: *¿Cómo he merecido yo que venga a mí la madre de mi Señor? (Lc 1:43).*

Pero...

El tiempo continuó su curso acumulando historia en su camino, convirtiendo por inercia el presente en pasado, para luego transformar el futuro en presente.

En esta dinámica evolutiva, se fue desarrollando el intenso y prolongado diálogo iniciado entre sonrisas, abrazos, expresiones de sorpresa y celebración ante las mutuas confidencias que surgieron de la experiencia obtenida en las delicadezas y promesas entregadas y cumplidas por el Padre.

El caminar de las horas, la penetración de la noche y el cansancio sutil, escondido y advenedizo que buscaba su descanso en la fragilidad de aquellos cuerpos, cuerpos encorvados por la cuenta progresiva de los años, por la carga impositiva del tiempo que como penitencia soportaban en la aceptación de las condiciones que el mundo señalaba para distribuir sus inventarios: necesidades, pobreza, marginación y resignación, como fruto del modelo "equitativo" construido por el hombre; ¿o habría que asumir mala intención o travesura, en el desfiguramiento de la herencia asignada a cada criatura, en el modelo original de la creación?

Isabel, Zacarías y José, posiblemente al observarse el uno al otro, y a sí mismos, temblaron ante la contemplación de sus deterioradas carnes, materia marchita y en proceso de desgaste acelerado que arrancaba desde la profundidad de sus fragilidades, un gesto de impotencia y ansiedad, ante el sentimiento compartido por prolongar más allá de lo previsible y evidente, más allá de las condiciones físicas deseables, impensadas antes pero deseadas hoy, prolongar más allá de la "lógica natural" de la durabilidad de sus cuerpos, aquel éxtasis de felicidad que nacía y profundizaba a través de la oración, de la alabanza y la súplica, para pedir y gritarle al cielo la misericordiosa concesión de poder recibir y testificar nuevos amaneceres, nuevas oportunidades de "presencia" que acompañaran su restante caminar hacia la glorificación del Padre.

Caminar y caminar en el mundo, como fruto de un nuevo regalo transformado en existencia terrena, de una nueva expresión de la benevolencia divina como pincelada de amor extraída de la omnipotencia. En fin, esperanza y anhelo por aferrarse a los misterios y bondades de la fe, como senda de esperanza y alegría para alcanzar y acariciar por un tiempo más, la bondad derivada de las promesas y la misericordia del cielo: *Señor para ti vivirá mi corazón y respirará mi alma, Tú me sanarás y me devolverás la vida, mi enfermedad se cambiará en salud (Is 39:16-17).*

A diferencia de las circunstancias que envolvían a Isabel, Zacarías y José; María potenciaba y vivía su tierna adolescencia, revelando en el momento preciso, los secretos que el tiempo guardaba con profundo celo, acontecimientos resguardados ante la indiferencia indigesta y material del mundo, mundo adormecido e insensato, en continuo transitar hacia el final de los más bellos amores.

Por lo tanto, ¡el tiempo!, ¡bendito tiempo de todos los tiempos!, que avanzabas en tu marcha como letanía sin cambio, incorporando y desechando en tu camino lo mismo de ayer, lo mismo de hoy, lo mismo de siempre. Cuántas veces en la contemplación de tu silencio relució la espada, se segó la vida, se quemó el incienso como rutina barata que incendiaba las conciencias, carbonizaba el alma, adormecía al sabio, enardecía al imberbe. Sin embargo, ¡tiempo de María!, tiempo de reflexión para poder descubrir como a Natanael bajo la higuera… el advenimiento de la salvación.

Y en la prolongación de las horas que te fueron cobijando en Ain Karim, ante el amor desbordante de los tuyos, decidiste quedarte por más tiempo, bajo aquel techo y aquel alero que felices presenciaron tus afanes, el alegre compartir de tareas, inquietudes y problemas propios de la sencillez y el reposo que gobernaba el hogar de aquella humilde pareja, matrimonio tranquilo, sin ambiciones ni sobresaltos, gobernados por valores eminentemente yavistas que pincelaban su propia suerte, sus propias circunstancias de paz y armonía, de espera y acción de gracias, docilidad y alabanza que como presente agradable se elevaba al cielo.

Mientras tanto, en la medida que la permanencia del encuentro envejecía, la aurora continuó enfrentándose al crepúsculo en un continuo amanecer y anochecer, que deshojaron del calendario los primeros noventa días, período de silencio gestante y preparación para aquella voz que insinuaría y suplicaría la apertura de los corazones: *Ved que estoy a la puerta y llamo. (Ap 3:20).*

Así también, de manera simultánea en incomparable afinidad y sintonía con los planes ya trazados, transcurrieron casi nueve meses de embarazo en Isabel, período natural que inyectó vigor y firmeza en el desarrollo de la otra voz que por designio divino, tendría que anteceder con sus gritos y llamados a la preparación del camino para recibir al enviado: *Yo bautizo con agua, pero pronto va a venir el que es más poderoso que yo, al que no soy digno de soltarle los cordones de un zapato; él los bautizará en el Espíritu Santo y en el fuego (Lc 3:16).*

Y de manera corriente, se fueron sucediendo los días y las noches; poco a poco sin poderlo evitar ni apresurar, se fueron saturando las horas, de silencio, espíritu y reino... ambiente de eternidad que envolvía a aquellos seres en su vivencia comunitaria, vivencia fraterna y compartida que se potenciaría a su máxima expresión, en la vivencia propia de sus descendientes: Juan y Jesús.

Quizás por ello, reina de la Anunciación[68], sagrario de la Encarnación y protagonista de la Visitación[69], es que tu estancia en aquel hogar, debió ser vista e interpretada por siempre como un gesto de aceptación y obediencia, de sumisión a la conducción del cielo; determinación divina que se gozaba y se complacía en juntar las vidas y los senderos, caminos y realidades que al profundizarse y ensancharse en la construcción de una nueva historia, acogería a los peregrinos que descubriendo su orfandad, se dispusieran a emprender una nueva ruta por las sendas de una nueva vida, sendas de redención para el pueblo escogido que peregrina con dignidad y alegría, hacia la nueva Jerusalén.

Por lo tanto, ¡bendita María!, las salutaciones que según la tradición expresaste en tu regio canto conocido como el *Magníficat* y en los versos amorosos que ofrendaste al Padre en el encuentro, no son más que la grandeza palpitante de tu entrega, tu humildad y obediencia que de manera natural vibró en tu pecho, en tu mirada y en tu voz. En consecuencia, tu sitial de amada y favorecida por el cielo, privilegia el discernimiento y búsqueda de tu compañía maternal: *Celebra todo mi ser la grandeza del Señor y mi espíritu se alegra en el Dios que me salva porque quiso mirar la condición humilde de su esclava, en adelante, pues, todos los hombres dirán que soy feliz (Lc 1:46-48).*

¡Dichosa tú también, Isabel!, porque el júbilo que danzaba en tu vientre, no quiso guardar silencio ante el portento del cielo, manifestando su presencia, manifestando su alabanza, en la entonación festiva de Zacarías, en aquel bellísimo canto que inspirado en el Espíritu Santo, contenía una profecía: *Y tú, pe-*

---

68   Anuncio del ángel Gabriel a María (Lc 1,26-38).
69   Visita de María a su prima Isabel (Lucas 1:39-45). María salió
     de Nazaret a finales de marzo y cruzó los montes de Hebrón, al sur
     de Jerusalén, para cuidar de su prima Isabel.

queño niño, serás el profeta del Altísimo pues llegarás primero que el Señor para prepararle el camino, para comunicarles a su pueblo en qué consistirá su salvación: en que se les perdonen sus pecados (Lc 1:76-77).

La despedida de María e Isabel

Y por fin, como suele suceder en los espacios ocupados por el tiempo, llegó el momento de la partida, del alejarse de aquel rincón indefenso, inadvertido y abandonado que te brindó con su quietud, el más claro homenaje de admiración y respeto, convirtiendo el eco de "tu hacer" y "tu decir" en noticia, en melodía grata para Isabel, Zacarías y José y aun para la misma naturaleza.

Creación en las manos de Dios, que en la experiencia y vejez acumulada en el transcurrir de los siglos, percibía el caminar de tu misión como un abrazo esperanzador que posibilitaba la transformación del correr incierto de la humanidad, para convertirlo en espacio de reencuentro, búsqueda y disposición de marcha hacia derroteros más altos, hacia la posesión de ideales limpios y transparentes, hacia un continuo volver a la casa del Padre.

Es posible que ante la valoración que surge como fruto de la Anunciación, en contraste con los hechos consumados por la voluntad del hombre, fue que los componentes de la creación: luz, aire, melodía, presente, futuro y pasado, se insertaron abrazados, regalándote los contenidos integrales de los días y las noches, períodos que daban vida al calendario… con su nacer y morir, para luego seguir viviendo, períodos existenciales que con el ropaje de fiesta se galardonaron de estrellas, luces, colores y cantos que acariciaron tus sueños, nutrieron tus reflexiones y te acompañaron en la travesía de tus profundas meditaciones.

Quién te lo hubiese dicho, que el 24 de junio, nacimiento de Juan llamado posteriormente el Bautista[70], sería la señal convenida en la agenda de tu vida, para indicarte que Nazaret te esperaba, que mientras tu figura y tu caminar estuviese ausente de sus cielos y sus calles, la normalidad no se recobraba; que además, era preciso retomar el compromiso ya asumido para la celebración del matrimonio con la concretización de los pasos ordenados y acostumbrados, para dar por iniciada la vivencia como esposos.

Y por ello, tuviste que reemprender el camino de regreso hacia tu casa, casa de Nazaret, que una vez más guardaría la separación física hacia aquellos seres que tendrían que quedarse en su pequeña casa de Ain Karim. Zacarías hijo de Berekías e Isabel la levita[71], pareja buena, santa y querida, que siendo parte insustituible de tus sentimientos y tu sangre, eran también protagonistas, en aquel plan sobrenatural y majestuoso en que la providencia de manera más íntima les juntaba.

Ante la prisa de los minutos que en su correr iban muriendo, fácilmente podía percibirse y hasta sentirse el dolor de la despedida... que venía. Sentimiento adolorido, que pretendía aprisionar cada instante de presencia que aún permanecía débilmente resguardado bajo aquel techo, la expresión impetuosa y dulce asumió el control de aquellos cuerpos y sus mentes; se multiplicaron los que debían ser los últimos abrazos, se intensificaron los besos, los apretones de manos y cercanías de cuerpos, las voces se desbordaron escuchándose más que entendiéndose; se atropellaron con insistencia las múltiples recomendaciones, y las lágrimas del alma empaparon el adiós que se escondía en el corazón de aquellos seres, como propugnando a quedarse enmudecido, quizás como gesto de inocente re-

---

70 Asesinado en el año 29 d.C. por Herodes Antipas, Tetrarca de
    Galilea, en la fortaleza de Maqueronte, región de Palestina.
71 De la tribu de Leví.

beldía para no separar los amores que en su ingenua resistencia, exteriorizaban la involuntariedad de una separación que hubiesen preferido no se diese nunca.

Y comenzaste a caminar lentamente, como si tu cuerpo cargase todo el peso de las infidelidades del mundo y por ello se negase a obedecerte.

¡Todo parecía una confabulación!, donde participaban en estrecha complicidad: el tiempo, los deberes, la casa dejada en Nazaret; y para colmo, hasta tu mirada empañada por la humedad del llanto reprimido que aún a riesgo de tropiezos y caídas, continuaba aún en el caminar, posándose en aquel espacio querido, lugar recién desocupado por la materia de tu cuerpo y el cuerpo de José.

Poco a poco la separación se acentuaba, amenazando perderse en la medida que involuntariamente avanzabas, sin embargo, hasta el último instante la retina de tus ojos continuaba esforzándose por contemplar y retener aquellas siluetas tan queridas, que trasladadas al corazón provocaban el más tierno sentimiento de cariño y familiaridad; adhesión e identidad mutua con los más caros anhelos de no separarse nunca, para estar tan cerca, para compartir vivencias que de acuerdo a lo asumido y constatado en este encuentro motivado por el cielo, tendría que depararles similitudes y sorpresas, felicidad y llanto en cuanto al desarrollo de los acontecimientos que venían.

Lo más seguro es imaginarte en el camino de regreso, profundamente pensativa y melancólica, extrayendo de manera apremiante hasta el último vestigio que significara al menos un fragmento de recuerdo, una esquirla del calor compartido que posibilitara al menos, aprisionar aunque fuese en la fugacidad de algún instante, la anhelada cercanía de aquella pareja santa, sencilla, bondadosa y limpia que les entregó el manantial de su cariño, sintonizando el mismo lenguaje de compromiso y desarrollo de la misión. Pareja escogida que se alegró en la escogencia de tu pureza y tu cuerpo, y que compartió contigo el privilegio de su inserción en el mismo plan del cielo.

¡Tanto que se querían!, cuánto más se necesitaban ahora. ¡Qué ingrato y sufriente tuvo que ser el momento de la despedida!, el posterior caminar de la retirada cansada o presurosa, lenta e imprecisa; ¡para lo que importa cómo haya sido!, si en su realización fue marcando como sentencia inapelable e insensible, la separación irreversible, distancia entre los cuerpos que fue profundizando su lejanía en el avanzar por los recodos, curvas y pendientes que como fantasmas al acecho, observaban extasiados aquella silueta linda, preciosa y enamorada del universo, que en el posar de sus sandalias de pueblo, escribía una nueva historia, historia de amor y sangre, de reino y de profecía.

Capítulo III

Breve
estadía en
Nazaret

Luego del recorrido melancólico que marcó tu retorno a Nazaret, al llegar a orillas del poblado, casi sin darte cuenta, divisaste las calles que juguetonas te señalaban las escasas direcciones que caracterizaban a tu pueblo, veredas más que caminos serpenteando de manera irregular, escondiéndose temerosas en aquella topografía que por descuido o accidente se fue cubriendo de casas, treinta y cinco viviendas rústicas esparcidas en 2.5 hectáreas (3.5 mz), según concluyó el arqueólogo Dr. Stephen Pfann[72].

---

72 Director del Departamento de Estudios Bíblicos e Historia de la *University of the Holy Land.*

Todo lo observado te era sumamente familiar, por lo que tus pasos guiados más por la calma que por la prisa, te situaron prontamente en aquel punto añorado que, sirviéndote de morada, hospedaba como sacramento la visita del ángel, el compromiso del cielo y la incondicionalidad de tu entrega.

Asumiste nuevamente el quehacer de lo cotidiano, tareas, arreglos y obligaciones que paulatinamente ocuparon tu tiempo. Los días y las semanas fueron pasando, y entre tanto y tanto ajetreo, las labores rutinarias fueron disminuyendo el esfuerzo y el tiempo que obligadamente acapararon. Y así, entre el deber cumplido, las sonrisas motivantes y los planes de la boda, llegó por fin el momento de la esperada celebración. ¿Cuántos invitados fueron?... quizás unos pocos, a lo mejor todo el pueblo, tal vez de otros pueblos se sumaron al festejo; pero entre brindis y bailes, ceremonia y bendiciones, quedó para siempre sellado el compromiso de novios, el nuevo estado civil que te llevó a convertirte en esposa desde el instante mismo del matrimonio.

Y comenzaste una nueva vida, un nuevo *modus vivendi* que implicó el ejercicio de consideraciones diferentes que partían de un estatus diferente ante los hombres. Una mayor complejidad en los derechos y deberes otorgados por el templo, la familia y por el pueblo, expresado en el trato y las actitudes de la generación que compartió tus espacios y tu tiempo.

A partir del instante mismo en que tus días se juntaban a los días de José, desde esa breve fracción de tiempo comenzaste a estar sujeta a los juicios conformados por los hombres, sociedad vulnerable en sus principios y valores en el peligroso juego de los intereses del mundo, conglomerado humano facilitador de juicios convertidos en sentencias inapelables, señalamientos fríos que te condenaron a las consecuencias de sus criterios implacables, aplicándote de manera radical, el único marco conceptual del matrimonio conocido y aceptado por la generalidad humana.

Es por ello que tus virtudes y pureza han quedado a la deriva ante los señalamientos y maledicencia de los descendientes de la Eva pecadora. Muchos años después de tu *hágase en mí* a lo mejor con mayor furor desde el siglo XIII, XIV, XV en adelante, hasta llegar al XXI, se acentuarían las consecuencias, cuando de ti se inventaran tantas y tantas cosas, dichos y hechos que surgirían fundamentalmente de la conducta religiosa de quienes pretendiendo poseer la sabiduría infalible que les revela los misterios del cielo, te han venido tratando groseramente, relativizando tu lugar, vida y trascendencia, ubicándote al nivel de las Marías del mundo con su cadena de experiencias carnales.

No han tenido compasión ni respeto por la madre y el hijo, condenándolos a los dos, a no poder invocar el calor infinito de la madre, con el calor infinito de su hijo; identidad y unión desde la dimensión en que la providencia los juntaba. Fueron groseros e insensatos desde el momento mismo en que comenzó a incubarse la malicia, adulteración del discernimiento en cuanto a la voluntad del cielo como producto de las limitantes y malformación de la mente, del corazón y los principios de quienes enarbolaron desafiantes el estandarte de la reinterpretación, la duda y la marginación.

¡Cuánta hipocresía!, cuando al pretender obtener la sonrisa y el favor del hijo se ha ridiculizado el silencio y la humildad de la madre, denigrando su pureza bajo la premisa ignorante y cruel, de reducirla a simple instrumento humano. ¡Pobres y simples mortales!, que no alcanzaron a gozarse en la evidencia y consideración que quien la llamó la llena de gracia, fue el mismísimo Dios que hizo descender su Espíritu y su poder sobre la amada y favorecida, criatura sin mancha en la vida terrena y con mucha más razón en su vida inmortal, criatura escogida por Dios sin mediar el beneplácito de los hombres. Virgen y madre cubierta con la sombra del Eterno, quien quiso tomarla para sí como su esposa, para guardarla infinitamente como reina y señora de los cielos y la tierra.

Expresar consideraciones diferentes a los criterios de Dios, sería enjuiciar atrevidamente la escogencia del Padre, insinuando una imperfección del mismo desde los criterios mortales, fundamentación lastimosa que limitada por una fe volátil, se manifiesta en una entrega intermitente, sujeta casi siempre a las angustias y ambiciones que demandan a gritos el *hágase tu voluntad* pero en tanto y cuanto, la respuesta alcance la dimensión de la voluntad nuestra: *Pero ahora que ustedes conocieron a Dios, o más bien, que él los ha conocido, ¿cómo pueden volver a cosas y principios miserables y sin fuerza? (Ga 4:9).*

No podemos alegar ignorancia porque, aunque el tiempo de María no hubiese llegado, ya los escritos bíblicos a partir del Génesis, además de los profetas desde Isaías en adelante, nos hablan de la mujer que habría de enfrentar al pecado en el cumplimiento del mandato de Yahveh: *Haré que haya enemistad entre ti y la mujer, entre tu descendencia y la suya, esta te pisará la cabeza mientras tú te abalanzarás sobre su talón (Gén 3:15).*

Preparando la visita a Belén[73]

Algunos meses antes, bajo el mando imperial[74] de Octavio Augusto, primer César o emperador romano, el gobernador Quirino hombre fuerte de la provincia de Siria y jefe de las legiones militares de Judea (del 6 a.C. al 9 d.C.), romanizadas por efectos de conquista y sumisión a sus nuevos amos impe-

---

73   Ciudad donde nace Jesús (Mi 5:2; Mt 2:6). Es ungido David (1 Sam 16:1-13) y donde Herodes I, El Grande, manda a matar a los niños menores de dos años (Mt 2:16).

74   Entre los años 746-749 de la fundación de Roma o del 31 a.C. -14 d.C.

riales, había dictado un decreto de empadronamiento en sus lugares de origen destinado a la población judía, el cual era de carácter absolutamente obligatorio, y por lo tanto, de cumplimiento en el tiempo y lugar establecido.

María y José, bajo su nueva condición de esposos, y ante la inminencia del cada vez más cercano alumbramiento del hijo de la promesa, decidieron emprender el viaje para cumplir lo ordenado. Horas y días quizás, que permitirían a la pareja contemplar y compartir la felicidad y experiencia de las manifestaciones naturales que irían anunciando cada vez con mayor destello y evidencia, la cercanía del nacimiento del siervo de Yahveh.

Nacimiento que marcaría la presencia en el torbellino circunstancial, pero a la vez torbellino permanente de los hechos temporales, realidad construida durante siglos por los servidores del mundo en estrecha comunión con los siervos religiosos de su tiempo que, confundidos en la vanagloria y los destellos engañosos del poder y los bienes materiales, "confiscaron" la llave del discernimiento, la autenticidad y la Palabra.

Es imaginable deducir, que ante la proximidad del evento censal o de empadronamiento, el cual dejaría como saldo, el inventario actualizado de criaturas de segundo orden bajo el estigma judaico, conforme a la clasificación establecida por los criterios y valores de la hegemonía romana. Aquel matrimonio escogido conforme los criterios y valores de la hegemonía divina, inició los preparativos para emprender cuanto antes, aquella visita a la ciudad de Belén[75], cuna del Rey David en el siglo X a.C. recorrido que con el pasar del tiempo, se transformaría en modelo de peregrinaje para todos los creyentes quie-

---

75 Sitio conocido como Efrata concurrido por beduinos o moradores del desierto por más de cinco mil años.

nes, ante el llamado a mayores compromisos, se dispondrían y acudirían presurosos a la cita redentora que les haría descubrir en sus vidas el pesebre, como signo inequívoco del nuevo nacimiento expresado a Nicodemo[76].

Reprís de una intencionalidad sectaria, con relación a María

Considerando las características socio-culturales-religiosas presentes en el momento de la concepción, matrimonio, embarazo y vida pública de María, podríamos determinar que la "anormalidad" de los sucesos conforme al marco conceptual del mundo, provocó el que, desde los propios orígenes del misterio de la concepción, así como de su principal protagonista: María de Yahveh, se expresaran múltiples criterios para "tratar de entenderlo a la luz del escaso entendimiento".

Por ello, en el transcurrir del tiempo, la religiosidad de los hombres se fue tomando atribuciones cada vez más atrevidas; rodeando la figura, trayectoria y protagonismo de María, con juicios y señalamientos que han pretendido disminuir y empañar la dimensión de su escogencia, la fidelidad y pureza entregada integralmente a su único Señor, su maternidad virtuosa y única que acaricia y orienta el peregrinar de la Iglesia, y su trascendencia y permanencia viva a través de los siglos hasta la consumación de los tiempos.

En consecuencia, vano esfuerzo y dedicación de la sabiduría y poderes del mundo en su malicioso afán por marginar a la llena de gracia, a la llena de santidad, salpicando de ignominia, duda o rechazo aquella honra que respetada, guardada y admi-

---

76 Prominente fariseo, miembro del sanedrín, a quien Jesús (Jn 3:3-6) responde: "En verdad te digo, nadie puede ver el Reino de Dios, si no nace de nuevo, de arriba..."

rada por el cielo, ha sido subestimada, manoseada y ofendida por un dogmatizado celo sectario que a semejanza de los componentes del Sanedrín, se han escudado en verdades a medias para confundir o disminuir la primigenia adhesión, lealtad y cariño que le brindan los creyentes.

Sectarismo religioso ensoberbecido más allá de las fronteras limitadas del conocimiento y el discernimiento humano, pequeños feudos eclesiales aferrados a teorías o doctrinas deterministas, fundamentalistas, sin aplicación de juicio en la literalidad gramatical del contexto, y divorciadas de la interpretación cultural característica de cada tiempo. Concepciones y oratorias simplistas y "atrayentes" barnizadas con ímpetus y apariencias de sabiduría profunda e intencionalidad de fidelidad divina. Pecado capital, al pretender confiscar la universalidad del amor del Padre hecho presente en la maternidad de María, en la voluntad expresada en el Ave María[77] cuyo eco resonará hasta más allá de la consumación de los siglos: en la tierra, en los cielos, en la historia salvífica de los pueblos.

Vano intento revestido de crueldad, de insensibilidad y culpa al pretender ignorar los efectos devastadores del dolor que continúa oprimiendo el corazón de María, inconsciencia y soledad en los corazones vacíos de la madre del Mesías, en el frío que aprisiona el presente ante el futuro incierto que se cierne... acentuado por la ausencia maternal que desnuda la esperanza, indiferencia hacia María que habita en los hogares y los templos, prolongación del calvario... en la profundización de las heridas que desfiguran el rostro del Cordero de Dios, sacrificado en nuestras culpas: *¡Pobres de ustedes, maestros de la Ley, porque se adueñaron de la llave del conocimiento! No entraron ustedes, ni dejaron entrar a los que querían hacerlo (Lc 11:52).*

---

77 Salve María. "Alégrate tú, la amada y favorecida; el Señor está contigo..." (Lc 1:28, 42-43).

Nuevamente con María y José

Considerando las delicadezas y el cuidado especial que José dispensaba a María, compartido en el compromiso y participación de ideales y aceptación de aquella misión en la cual continuamente profundizaban más: en el diálogo compartido, las tareas comunes, la entrega y los sentimientos que movían sus voluntades, ilusiones y esperanzas; así como la inmensa felicidad callada y rebosante que experimentaban sus corazones, ante la certeza consciente de donarse como instrumentos, para ser moldeados y usados en la realización de los planes revelados.

De acuerdo con lo señalado, es inevitable pensar que José, en su condición de cabeza del hogar, tuvo que considerar algunas medidas que condujeran a salvaguardar el buen nombre de María, preparando condiciones tendientes a evitar la malicia, el chismorreo o las dudas malintencionadas de vecinos, amigos y familiares que ofendieran la maternidad y pureza de la niña-esposa, de la virgencita que el cielo como regalo de preferencia le entregaba y le encomendaba, para guardarla y protegerla con la misma dedicación y esmero con que el Padre la había formado.

¡Cuánta responsabilidad y confianza delegada en José, hijo de Helí![78] ¡Qué mano obrera o tersa por oficios displicentes, gozó del privilegio de tener entre sus dedos los pétalos de la flor más bella y delicada que presenciaron los siglos y enaltecieron la historia! ¡Con cuánto respeto habrá que pronunciar tu nombre José de Nazaret!, ¡con cuanto respeto y admiración, por haber sido encontrado digno de ser y llamarte esposo de la mujer escogida para ser la madre del unigénito, del Verbo eterno, del

---

78 José era hijo natural de Jacob, a su vez hijo legal de su hermano Helí de acuerdo a la ley del levirato entre los judíos (Lc 3:23; Mt 1:16; Rut 4; Dt 25:5-6).

Hijo único de Dios! Ahora entendemos, que también a ti te ofendemos cuando nuestros labios se cierran por cobardía u omisión o pronuncian irreverentes o aun indiferentes, el nombre de María de Yahveh.

Por lo tanto, José de Nazaret, cómo no dedicarte al menos un instante de admiración, si en tu cuerpo y tu corazón, llevas las huellas profundas que entregaste como ofrenda para posibilitar el proceso de la salvación. ¡Cómo no acompañarte… recordándote!, ¡cómo no estar contigo también!, reconociéndote y exclamando con profunda admiración tu nombre, como parte de tu pueblo.

¡Pobres de tus ojos descendiente de David!, porque también han llorado como cascada tumultuosa, impulsados por los sollozos que impotentes y resignados trituran tu fortaleza. Con cuanta suavidad tus palabras y tus gestos, requirieron la atención de aquella mujer preciosa con alma de eternidad, inmensidad y síntesis, expresión y silencio, totalidad y ausencia.

Quién más que vos, después del cielo, para comprender como injusticia, lo que al paso de los años se fue convirtiendo en costumbre y desgraciadamente en "cultura", en filosofía corriente de quienes hicieron de la palabra un misterio, de los atriles, tribunas de narcisistas y empalagosa palabrería de los maestros… ¡cuánta confusión crearon!, cuán efímeros fueron y seguirán siendo sus ardores.

Sin embargo, aun sin reconocerlo quizás por ingenuidad, pereza mental o víctimas de sus propios ambientes, se han convertido en autores de hecho, o peor aún, autores intelectuales del pecado, cómplices del engaño, reos de culpa; sacrificando para los suyos los primores que palpitando en la madre, se prodigaban al mundo como torrentes de bendición, pretendiendo desvirtuar la integridad de su figura, su maternidad, su pureza y su nombre; acuñando medias verdades para sí mismos, para sus "propios rebaños y para rebaños ajenos", con lenguaje almibarado y astuto, dirigido con ímpetus dudosamente justificados, tal vez por provenir algunas veces de un actuar y creer formado en conceptos heredados, sustentados en variedad de interpretaciones que han adulterado el fundamento de sus doctrinas, la deformación de sus ideas y el "manejo" de los sentimientos de aquel... por quien el ángel trasmitiera: *Alégrate tú, la amada y favorecida; el Señor está contigo (Lc 1:28).*

Como lógica de la profunda fortaleza desplegada desde los orígenes de la misión, seguramente la animó más allá de las "normalidades del envío", la afirmación de que el Señor siempre la acompañaría, promesa de acompañamiento perpetuo que contribuyó para soportar las rudezas del camino, como senda de preparación para la venida del hijo, encomienda emprendida y asumida con profunda valentía y decisión, testimonio y vivencia de quien encarnaba desde ya, la universalidad de la buena nueva que venía, noticia de salvación que se extendería prontamente, por todos los horizontes del dominio terrenal.

Pero, a pesar de la entrega y transparencia, con que María y José hilvanaron hasta el más ínfimo detalle para recibir con júbilo infinito aquel trascendental acontecimiento, desde el primer momento se manifestaron las características que acompañarían el recibimiento y seguimiento de la verdad, Verbo divino que penetraría el mundo, para dejar al descubierto la telaraña de mentiras y de muerte con que los hombres habían privilegiado su existencia.

Cuántas ingratitudes tendrían que materializar su daño transitorio, sin que José el hijo de Helí pudiese evitarlo con sus habilidades y fuerzas de carpintero curtido de artesón en artesón. Jamás la prudencia y el corazón, fueron el escudo invulnerable para detener los dardos, las flechas incendiarias que en su camino rasgaban los sentimientos y esperanzas de quienes veían en la creación, la posesión del amor divino con sus consecuencias de continuidad... más allá de lo visible, más allá de la máxima extensión de tiempo imaginable, más allá de la más bella experiencia de amor y solidaridad, descubierta en las leyendas y la vida diaria.

Y bajo estas y otras circunstancias, Nazaret continuó multiplicando la rutina, el "dinamismo" de su reposo, que le convertía en lugar de preferencia para acomodar los fardos de una espera acumulada, espera silenciosa por la percepción atrofiada de sus religiosos habitantes. Nazaret de Galilea y su gente continuaban su sueño acostumbrado, sin inquietudes o sobresaltos que les permitieran percibir el advenimiento de la aurora, de ese nuevo amanecer con sus luces de fiesta introduciéndose a sus casas para iluminar y desterrar las sombras, para iluminar y embellecer los rostros, para posibilitar el reconocimiento de los unos y los otros como descendientes y peregrinos, en aquella gran marcha milenaria por los rincones de la geografía y de la historia.

Recorrido cobijado por las sombras de una espera incomprendida, de un estar detenido... estático ante los hechos que no llegan, espera muchas veces mutilada de esperanzas y con el sabor pegajoso del desierto, con la sensación amarga que produce el abandono y que amedrenta la firmeza y reciedumbre de aquel compromiso hecho promesa, del sueño que también alimentaron los patriarcas y profetas, para conducir con sabiduría a su pueblo por las sendas de la obediencia y la convicción; conducción y certeza de que la fidelidad de El-Shadday[79] les conduciría al final, a la tierra prometida.

Sin embargo, fue imposible alertar los sentidos espirituales de aquel pequeño rebaño nazaretano, aletargamiento, interioridad vacía o cansancio espiritual, que les impidió darse cuenta

---

79   Dios de la montaña-Dios omnipotente. (Gén 17:1-2; 48:3-4; 49:25; 35:11-12; Sal 90:2).

del eterno privilegio de haber sido escogidos como primera asamblea, como primeros creyentes para participar quizás de la primera experiencia que conformaría después los cimientos de una primera iglesia, comunidad fraterna y bajo un mismo espíritu como pueblo de Dios, que incorporará el sentir de aquellos primeros días, como conglomerado de fieles integrados como pioneros de los nuevos tiempos, para abrir la puerta de una nueva era.

Pueblo privilegiado, residentes del Nazaret de ayer que cobijó los treinta años de la vida privada de Jesús, pueblecito "insignificante" con treinta y cinco casitas humildes y reducidas, diseminadas como juguetes de pobre sobre la superficie rugosa de veinticinco mil metros cuadrados, de pedregales, tierra seca y constante bronceado al sol.

Fraternidad esperada en el Nazaret de hoy con sus 75 726 habitantes. Nazaret escogido, que has aprendido a disimular lo quebrado de tu figura con carreteras vanidosas de asfalto y macadán, bloques encementados en las tapias y paredes que conforman los nuevos aposentos, sitios de encuentro y recogimiento que guardan, como cómplices celosos, los secretos que han enriquecido los diálogos, los silencios y las súplicas de los nuevos habitantes.

Sinagogas de ayer, sinagogas de hoy, Iglesia de la Anunciación cobijando la casa... hoy, donde según la tradición vivió María, templos donde el espíritu se desnuda ante su Dios, casas de oración que continúan cobijando las debilidades y esperanzas de los hijos de Eva que, a lo mejor, muchas veces sin percibirlo, se verán robustecidos bajo sus techos, con las fortalezas y alegrías de los hijos de María.

Nazaret de ayer, que a pesar de pasar inadvertida y de haberte ocultado, entre otros, al historiador judío romano Flavio Josefo (37 d.C.-101 d.C.), al filósofo judío cristiano Filón de Alejandría, Egipto (15 a.C.-45 d.C.), a la literatura rabínica y aun al antiguo testamento, te develaste por primera vez y hasta doce veces en los evangelios y posteriormente a los teólogos e historiadores cristianos Sexto Julio africano[80] de Jerusalén (160-240 d.C.), a Orígenes de Alejandría[81] (185-254 d.C.) y Eusebio de Cesarea[82] (263-239 d.C) de Palestina. Nazareth, que continúas presenciando el caminar sin descanso de tus hijos, descendientes de la luz, peregrinos de la senda de Abraham, que deberán promocionar tu nombre con la palabra y la vida, para dar paso a los hechos y promesas que palpitarán por siempre como utopía o realidad de las ansiedades, hambre y sed de los caminantes en su continua y fatigosa marcha hacia las mansiones de descanso, preparadas por el Padre.

---

80 Historiador considerado el Padre de la cronología cristiana.

81 Considerado con San Agustín y Santo Tomás uno de los tres pilares de la teología cristiana y padre de la Iglesia oriental.

82 Eusebio de Cesarea, obispo de Cesarea, padre de la historia de la Iglesia.

Capítulo IV

Pequeña Belén Efrata[83]

rreciaron las presiones de tiempo y embarazo, para emprender la marcha hacia el lugar obligado: Belén, la ciudad de David, a fin de realizar las actividades propias del decretado empadronamiento. Se visitaron amigos para compartir las inquietudes y decisión de la marcha obligada, se ordenaron los enseres, se hicieron peticiones de cuido y observación sobre los reducidos bienes que eran recomendados bajo criterios mutuos de confianza y solidaridad.

---

83 Nombre original de Belén de Judá, llamada Efrata en Gén 48:7; Rut 4:11; Mi 5:1, a diferencia de la Belén de Zabulón situada a 7km. de Nazaret.

Llegó el anochecer que antecedía al amanecer de la partida. Con mucho esmero se revisaron las ropas, provisiones, accesorios y dinero, que por lo "minúsculo de su abundancia", no constituían riesgo de cansancio por su peso o volumen, ni tentación atrevida que motivase las miradas codiciosas que ocultas en el camino, estuviesen al acecho para "recuperar" lo ajeno.

Avanzaron suavemente las horas nocturnales en su presencia y descanso vitalicio, fragmentos de tiempo que se escondían en la noche para conformar la misma noche, gladiadores de las sombras que luchando palmo a palmo con la tenue luminosidad que aprisionada aún en el recinto como rescoldo del día que moría, le obligaba a batirse en retirada, escapándose malherido en los residuos de luz que se agolpaban en las rendijas deformes... titiritando de frío, de temor y de prisa ante el avance arrollador de las tinieblas, de la oscuridad, cuyo traje de luto imponía el silencio que obligaba al descanso, al monólogo o plática consigo mismo, como espacio propicio para insertarse en la meditación, en el arrepentimiento, en el retiro reflexivo del corazón y los pensamientos.

Los cuerpos y los sentidos de aquellos dos seres ilusionados, criaturas enamoradas del Padre y de la vida, soñadores incansables del paraíso en la nueva tierra, se acomodaron con delicado sigilo en el pequeño rincón habitual que cobijaba la noche. Reposaron sus ojos y el continuo movimiento de sus preparativos ansiosos, callaron sus expresiones y el calor de sus afanes, se abandonaron indefensos en aquel espacio sagrado, que curioso y delicado contemplaba el dormitar y la paciencia que hermanaba el agotamiento del uno y la vitalidad del otro, en su naturalidad circunstancial de experimentar biológicamente dos etapas distintas.

Las sombras de la noche continuaron avanzando en su noble misión de adormecer por todas las latitudes del mundo, la fogosidad de las pasiones, cobijar el descanso de los sentidos y las funciones de la vida, sin embargo, en su lucha permanente contra el tiempo que habitaba el nuevo día, tuvo que ir cediendo poco a poco su dominio, permitiendo con desgano el nacimiento del amanecer que como mensajero victorioso, proclamaba con sus destellos de luz el resurgir de un nuevo espacio transitorio cargado de esperanzas, frustraciones, luchas, realizaciones y apego a la vida.

A diferencia de la ciudad de Jerusalén, con sus 250 mil habitantes convertida desde siempre en centro religioso, político y económico del reino de Judá, y en donde el nuevo día se anunciaba con la música estridente, aguda, ruidosa de trompetas. En Nazaret, el gratuito cantar de los gallos, despertaban a sus dueños y vecinos, para dar por concluida la sesión de adormecimiento y descanso alertando los sentidos, a fin de iniciar los nuevos planes y tareas, así como las obligaciones pendientes de períodos anteriores.

¡De pronto!... surgió el canto desafinado y clandestino en los solares del pueblo, melodía intermitente de animales inocentes, que con su quiquiriquí escandaloso, anunciaban la apertura rutinaria de una nueva jornada, inicio de un nuevo día emprendido ante aquella señal como arreglo concertado y fielmente obedecido por la materia viviente que hospedaba aquel recinto, y... se repitió la historia de siempre, en que los cuerpos adormecidos se agitaron recobrando su propio dinamismo, proyectaron renovadas energías en rápidos movimientos, juntaron sus voluntades para acometer cuanto antes aquella marcha esperada.

Todo comenzó con alegría al despuntar el alba, con palabras optimistas exteriorizadas como torrentes, como cánticos de fiesta que anunciaban la iniciación de un feliz e inolvidable viaje. Hasta los gestos de la pareja quisieron participar con mensajes de alegría expresados en las sonrisas, en las miradas y en el tono delicado que gobernó aquellas frases que acercaron sus corazones y reforzaron sus decisiones, alejando cualquier vacilación y temor que como fantasma travieso aleteara sus ropajes burlescos para introducir la duda, para posponer la marcha, para regalar pretextos que afectaran el itinerario ya trazado, la realización y el escenario escogido para continuar el desarrollo de la misión... ¡fiesta bendita de la salvación!

Se inicia la caminata

Todo lo contenido en el anuncio del ángel, continuaba realizándose en estrecha "coincidencia" con los hechos que a diario sucedían. Era en esta ocasión, el momento de cumplir lo ya dispuesto por los hombres, concretamente lo ordenado por Quirino[84] el gobernador de la provincia, responsable entre otras cosas, de reunir periódicamente el tributo exigido por Roma mediante la aplicación de cargas impositivas como consecuencia de ser un pueblo sometido; por lo tanto, fruto del empadronamiento vendría seguramente la ampliación o aplicación de un nuevo impuesto, ¡no se podía evitar!, era condición sin alternativa, insertarse como sujetos del evento censal para sumar en aquellas cifras estadísticas que les registrarían como miembros de su pueblo y su región. Por consiguiente, prepararse para esperar el momento de la partida a la ciudad de David[85] Betlehem o Belén, era el punto de agenda priorizado.

Las horas continuaron avanzando en su tarea incansable de correr y correr para llegar a su meta, objetivos particulares en los hombres, conforme a la voluntad, deseo y obligaciones programadas por cada quien.

---

84 Publio Sulpicio Quirino, enviado por el emperador César Augusto con el objetivo de realizar el censo poblacional para efectos de tipo tributario.

85 Lugar de nacimiento de David (1085 a.C) Rey de Judá e Israel, reinó de 1055 a 1015 a.C. (1 Rey 2:10).

Y, ¡por fin!, en la acumulación del tiempo en el pasado, llegó el momento justo de emprender la caminata de 115 km aproximadamente hacia la "meta asignada", el empadronamiento en Belén de Judea[86], el recorrido que tendría que separarles de su casa, su gente y su pueblo, ¿por cuánto tiempo sería a pie, en carreta, o animales?, ¿cuatro, cinco o seis días según lo acostumbrado en caminos difíciles? ¡Quién sabe cuánto!, solo el mismo tiempo y la historia nos lo dirían.

Llegado el momento que tendría que llegar, seguramente la nostalgia invadió los sentimientos de María y José, acostumbrados y apegados a la permanencia tranquila en el hogar, y que en un postrer esfuerzo por aferrarse a lo querido, recorrieron con la mirada en el instante de la partida, el interior ya conocido de aquella rústica y pequeña geografía hogareña, parcela con paredes y techo que guardaba la intimidad de su mundo y que conforme a su condición de materia inanimada, les despedía en el momento de la partida, con el silencio y complicidad que emanaba de aquel ambiente de paz, que una vez más les invitaba al regreso.

Fue en el cruzar de aquella puerta sin adornos, sin pinturas ni apariencia relevante, puerta exterior que resguardaba el recinto y que solícitamente denegaba el ingreso de la presencia exterior; fue en ese trasponer el umbral, o sea, el abrir la puerta para posar sus sandalias en el camino, acto de inicio de aquella caminata, que la débil luz del ambiente externo aprovechó para participar de manera obsequiosa señalándoles el camino, ruta aparentemente interminable, que perdiéndose su silueta en la distancia, coquetamente les llamaba con su presencia y colorido para gozar de su compañía, para escuchar en silencio cada ruido imprevisto provocado por el andar simultáneo

---

86 Belén de Judea lugar situado dentro de los límites de la frontera del reino de Judá (Mt 2:1-6).

de aquella pareja buena, para experimentar la importancia de haber estado presente como superficie escogida, en aquel caminar inolvidable que jamás conocerían los otros caminos que recorrían el mundo.

En la medida que avanzaban consumiendo distancia y tiempo, el sol, sumamente ocupado por evidenciar su enojo ante el mundo, mostraba con mayor descaro la desnudez de su rostro quemando con su aliento de fuego, toda presencia material que de manera imprudente se expusiera a la ardiente violencia de su paso. El avanzar lento y penoso de aquella pareja de caminantes fue convirtiendo las horas en interminables eslabones de tortura y sacrificio.

Durante múltiples ocasiones, los cadavéricos arbustos y árboles deshojados por la inclemencia del clima y la aridez del suelo, cobijaron bajo sus raquíticas sombras las figuras maltrechas por el cansancio, la condición física de María y el deterioro causado por los años en la humanidad del carpintero. Eran momentos de pena y de ternura que de seguro el cielo imprimió para guardar en los recuerdos, como páginas imborrables de la más inolvidable historia de amor construida por el Eterno, historia envolvente en su universalidad a fin de involucrar a los hombres de manera definitiva y total, historia de redención que habría de borrar las múltiples faltas de la humanidad, historia de sufrimiento y donación para regalar al mundo la sangre de la salvación.

Con cuánta vergüenza debieron surcar el aire los alevosos rayos del sol, que inclementes descargaban su enojo legendario para castigar de manera prepotente a la frágil materia, anatomías indefensas y resignadas de aquella pareja común y corriente conforme al juicio de los hombres, pareja especial que, en la soledad del camino, abandonó y asumió una vez más sus ínfimas seguridades, exposición y riesgo en el lapsus bochornoso de aquel anónimo y glorioso día. Sol abrasador que, como verdugo inocente, pretendía detener por extenuación la consumación de la distancia en constante subida, alardeando con sus juegos de poder y absolutismo energético.

Poco a poco, el atardecer se fue compadeciendo de las criaturas sometidas al cansancio, a la extenuación como efecto de la prolongada insolación, de los constantes golpes y heridas recibidas en las continuas caídas como efecto del agotamiento, de la irregularidad burlesca del terreno y las piedras pulverizadas convertidas en alfombra para recibir los cuerpos, para cobrar el tributo de sudor, sangre y trocitos de piel entregados por los viajeros en su afán de transitar a cualquier costo, con tal de alcanzar el destino que motiva su camino.

A la búsqueda de las sombras para ocultarse de los envíos prepotentes del radiante sol, fue sucediendo paulatinamente la localización de promontorios, cavernas o hendiduras generosas que pudieran proteger del calor sofocante del desierto, brindar alivio inmediato a los cuerpos ya cansados para proteger las magulladuras del ardor de los vientos que quemaban, breve ocasión para exteriorizar los suspiros que como fuerza libertaria de la tensión interior, serían fuente de ánimo y fortaleza, de agradecimiento interior por los instantes que darían paso al tan ansiado tratamiento de rasguños y heridas, a la ubicación de los dolores como expresión de protesta de sus cuerpos.

¡En fin!, consecuencia del esfuerzo físico provocado en la travesía del desierto, serían los síntomas que como cadena sísmica, darían a conocer su presencia por doquier, maltrato exagerado de sus cuerpos que les unió más tiernamente para brindarse con delicadeza y generosidad, palabras y atenciones de preocupación y afecto, tiernas palabras de aliento para contrarrestar las circunstancias advenedizas del desánimo, extrayendo más bien del esfuerzo y experiencia, signos de discernimiento en cuanto al camino señalado en el cumplimiento fiel de la misión.

Una vez encontrado y ocupado el pequeño lugar adecuado para brindar descanso al cuerpo, decidieron reposar, respetando el silencio que el momento, el lugar y el cansancio demandaban. Sus oídos impregnados del misterio de la noche se quedaron en vigilia, en alerta para advertir el más leve movimiento de animales salvajes, para descubrir el más leve rumor provocado por el viento o para percibir los sonidos que surgiendo de manera espontánea en cualquier parte, llegaran como canto indescifrable para inquietar al viajero por las rutas del desierto, llenándole de temores, aun bajo la aparente calma de su recorrer "tranquilo". ¿Sentido de precaución o temor natural a la soledad agobiante del desierto?, ¿sería fruto del silencio obligado que provocaba la represión o el ahogo de todo intento de dinamismo, de toda iniciativa que impulsara el diálogo normal? ¿Sometimiento o debilidad en aquella aceptación del grosero *status quo* entronizada en aquella región desierta?

Aún el cielo con su engranaje de estrellas, rasgos de minúsculas nubes borrosas resaltando la oscuridad de la noche en un fondo negro-azul indefinido contribuía a mantener la quietud con su obsesiva vigilancia de guardián eterno, repasando con su inquisidora mirada la variedad de criaturas y materia multiforme asentada o de paso por aquella tierra solitaria. Materia itinerante que agotaba la estrechez de su existencia entre horizontes de temporalidad incierta.

El tiempo adormecido en aquella noche de reposo fue desperezándose lentamente en la medida que las luces del amanecer se levantaban victoriosas, derrotando el dominio ejercido por las sombras que una vez al descubierto, se batían piedra a piedra en retirada. La llegada del cálido amanecer provocó el despertar de la pareja que, entre leves movimientos, frases y emociones, reemprendieron los preparativos y los pasos para dar continuidad al avanzar seguro hacia la meta.

El nuevo día se gozó con la repetición de las vivencias del periodo ya pasado, y así… tres, cuatro cinco, seis días, en realidad, ¿cuántos serían?, incógnita que ni los santos evangelistas nos dijeron; incógnita que sin embargo, adquirió boleto para viajar en los vagones del tiempo, para constituirse en interrogante de teólogos, eclesiólogos, autodidactas y creyentes, así como en espina siempre presente y dolorosa, para los voceros que de manera descuidada han adulterado, minimizado u obviado cada palabra, hecho y dimensión que determinó la relevancia del protagonismo de María.

Seglares y religiosos que han omitido y combatido la devoción mariana, seglares y religiosos del discurso fácil, de la oratoria "lógica" convertida en arena movediza para devorar incautos, para esperar en los recodos del camino hacia la fe, las columnas de sedientos peregrinos que confiadamente avanzan los unos con los otros, abriendo filas y sumándose a las ovejas que van conformando el rebaño, sin descubrir en su buena fe el ropaje engañoso de los falsos orientadores, y aun de las falsas ovejas que dispersarán y reducirán posteriormente el rebaño, con hechos y palabras de confusión, "evangelios" y reinos incompletos.

Considerando que, en el momento de la realización de este viaje a Belén, María tendría al menos ocho meses de embarazo, fácilmente podríamos deducir que su esforzado caminar, debió ser fuente de incomodidad y riesgo que podría haber justificado los temores corrientes de un fatal desenlace, o al menos, la alteración de la normalidad gestante en la madre y el niño. Menos mal que la providencia se había pronunciado asegurando que el hijo de la promesa, llegaría a ser grande y que gobernaría por siempre al pueblo de Jacob. Por consiguiente, la garantía de la palabra del santo de Israel devolvía la calma de María y José, como instrumentos sumisos que facilitaban el cumplimiento de los deseos de Yahveh.

¡Por fin!... aparece Belén

Cuando al final de los ciento quince kilómetros, recorridos en aquel cansado transitar, fue divisado Belén, la presencia de sus techos y paredes que escondían los cuerpos y los bienes, provocaron en la pareja humilde de Nazaret, gestos de complacencia y de alivio.

Gestos que se manifestaron en la contagiante vivacidad de la mirada, en la iniciativa motora de las extremidades superiores, que a diferencia de las inferiores, multiplicaron sus movimientos para compartir con alegría señalando algunos puntos de obligada referencia: la pequeña sinagoga, la plazoleta cercada por los patios y los muros de las casas construidas a su alrededor, la silueta imponente de la conocida fortaleza militar que escondía el caminar y los saludos de funcionarios locales y foráneos, de los guardias altivos con sus armas rutinarias... ¡en fin!, las figuras variadas de maltrechos y regulares edificios que en sus estructuras conformaban los negocios y aposentos, que a su vez, albergaban una muchedumbre de vivientes dispersos a lo lejos y concentrados hacia el centro de aquel pueblo. La observación condujo al reconocimiento de aquella tierra poseída de manera permanente, posesión mezclada en su fase itinerante por los eventuales mercaderes, caravanas y peones, "masa" diferenciada que mezclada en el tumulto convertía los lugares públicos en espacios de apariencia, ostentación y lucha de conveniencias.

Fue quizás, en el atardecer de un día aún no determinado por la palabra y por la ciencia, que los pasos de José y María se encaminaron, inseguros y cautelosos, hacia la interioridad urbana de la pequeña Belén, enrumbándose a la plaza que por ser "propiedad de todos", y por eso llamarse pública, era punto obligado de reunión. Lugar de pequeñas multitudes en sus horas de ocio y de descanso, núcleos concentrados y dispersos que indiferentes recibían a los caminantes de la ingenua Nazaret, quienes en su caminar sin rumbo ahogaban en la dureza de las piedras, el sonido de las rústicas sandalias y el latir desacompasado de sus provincianos corazones.

Avanzaron con alguna dificultad soportando apretujones, disculpas incoherentes y frases no tan amables de aquel amontonamiento multiforme de forasteros y parroquianos, mezcla confusa de cuerpos que, sofocados en la prisa y en sus ansias, parecían avanzar sin rumbo fijo posesionándose transitoriamente de cada pulgada de terreno, arrebatando con sus pisadas y su prisa el goce del usufructo terreno a los menos hábiles caminantes de aquel pueblo.

Todo era movimiento en la pequeña Belén Efrata, movimiento indescriptible allá en lo profundo de la pequeña porción de cielo que cobijaba con profundo celo la ciudad; era el anticiparse ante la proximidad de los hechos que venían atendiendo la convocatoria celestial, para estar presentes en la inauguración de los nuevos tiempos que entregaba y presidía el amor del Padre.

Por ello, no sería de extrañar que mientras las cosas sucedían, allá, muy allá, pero también muy acá... cada vez más cerca en el firmamento, las criaturas celestes se entretuvieran observando el accionar corriente de un día común entre todos, día corriente conforme la priorización de los valores practicados por el pueblo. O a lo mejor con profunda extrañeza, ante la no percepción humana de la majestuosidad del momento, observarían la obsesiva dedicación que los hombres brindaban a sus afanes, obsesión enfermiza de los pobladores permanentes y ocasionales de la pequeña parcela belemita. Geografía convertida en porción estratégica para el futuro del mundo, transformada en metrópoli eventual ante la impetuosidad de los acontecimientos que venían.

En cuanto a la apariencia física del matrimonio de Nazaret, era evidente la madurez corporal de José en contraste con la juventud corporal de María, factores relevantes de aquel matrimonio que fue avanzando penosamente por las calles abarrotadas de materia móvil y vegetante. Avanzando y dirigiendo sus ansias y miradas hacia aquel desfile irregular de pequeñas construcciones, bultos materiales situados a izquierda y derecha, hacia el frente y a lo lejos, intentando en aquel repaso visual, descubrir un pequeño resquicio o señal que indicase la presencia de un rostro o morada fraterna, abierta a los viajeros sencillos y necesitados como ellos que, a cambio de algún dinero acompañado quizás de alguna súplica, les brindaran un poco de calor, techo y comida.

Al fin y al cabo, ¡qué hubiese importado rogar con insistencia! si en la escala de las gratitudes, siempre se había recibido poco y se había agradecido mucho.

Poco a poco caminando y sin apenas darse cuenta, fueron pasando de la calle principal y bulliciosa hasta desembocar en callejuelas maltrechas claramente definidas por su abandono y silencio. Seguramente el desánimo cobró su precio y transformó la búsqueda en tristeza, la necesidad en sensación de rechazo y abandono; ¡desprecio cruel!, que más temprano que tarde estableció similitud entre las circunstancias del presente, con las condiciones rústicas y groseras de aquel camino incierto que les condujo a estas tierras.

Cuántas veces descansarían su soledad y su impotencia en un abrazo solidario que debió ser signo de pena y consuelo compartido, búsqueda ansiosa en sus miradas que interrogantes y asustadas, deseaban despejar el abandono forjado dolorosamente en la conducta de los forasteros y belemitas; conjunto de seres disimulados que imprimían sin recato a su condición de visitantes sin riqueza, sin influencias ni "amistades de peso" que ofrecieran la sombra y la seguridad de sus hogares, la respuesta fría de la indiferencia.

¡Cuánta soledad y... cuánta indefensión humana!, para dos criaturas que únicamente anhelaban servir sin esperar ni pedir sacrificio alguno. Cuánta ingratitud plasmada en aquella escena de dos seres solitarios que, en la penumbra de la tarde moribunda, entregaban al cielo sus pesares, sus deseos de llanto para regar aquella tierra perdonando sus acosos, su maltrato, su mezquina negación para ofrendar a sus cansados cuerpos, aunque fuese el rincón más indeseado y hasta rechazado por los más pobres y toscos habitantes. Con razón el fruto santo de aquella mujer santa heredaría, como pertenencia durante el recorrido de la misión, la escasez absoluta de los más ínfimos detalles: *Los zorros tienen madrigueras y las aves del cielo tienen sus nidos, pero el Hijo del Hombre no tiene dónde descansar la cabeza (Lc 9:58).*

Menos mal que las sombras, como hijas mimadas de la noche, entregaron sus virtudes solidarias envolviendo en su regazo de luto, el suspirar interior de aquellos seres que oprimidos por un sobre esfuerzo de sus cuerpos, detenían las lágrimas que pugnaban por brotar de sus limpios ojos, ojos transparentes y expresivos que aún en las dificultades más duras e inciertas, escudriñaron con fidelidad las profundidades misteriosas que habitaban en la intimidad del infinito.

Por eso, tu esposa y vos, carpintero de pueblo, tendrán que pernoctar desde la primera noche en las tierras de Belén Efrata, sostenidos y acariciados "comprensivamente" por el duro suelo, materia inerte e insensible, que toscamente protegerá la espalda de tu ancianidad y de la niña-esposa que acompaña tu camino.

Anatomías de varón y mujer arrulladas por el imperceptible canto del viento suspendido en el espacio, melodía y frescor del alma para guardar sus sueños, para cubrir sus cuerpos observados con ternura por el firmamento; bóveda celeste que triste e impotente debió llorar de pena y de vergüenza, ante los episodios que iban marcando el itinerario de aquella encomienda.

Claro presagio que, desde ya, proclamaba con sus hechos el cruel rechazo y las duras experiencias que habrían de convertir la realización de la misión en un evidente anticipo del calvario que vendría y que desde ya... desde ahora, se construía golpe a golpe y burla a burla, sustentado en la estrechez del calor humano, emoción y sentimiento reducido a la variabilidad del carácter, a la temporalidad de las intenciones que determinaban el marco de obediencia y adoración que los hombres entregaban a su Dios.

En consecuencia, José, José del anonimato, ¿por cuánto tiempo tus ojos tendrán que resecarte el alma debido al desborde impetuoso de tu llanto reprimido en esa noche? Noche en vigilia, noche de penitencia que fue restada a las pocas noches que te quedaban, noches de silencio y meditación que aún cobijarían tu presencia en el seguimiento callado de aquella impostergable misión. Caminar callado en los días y noches de desierto que vendrían uno detrás de otro, misericordia esculpida paso a paso, como cadena interminable de redención, tarea de salvación que aprisionaría los gemidos y los esfuerzos del hombre por escapar de su destino, suerte enmarcada en su decisión, ceguera sin alternativa y sin compasión en aquel rechinar de dientes indolente y quejumbroso. Proceso rutinario en la conducta del hombre, proceso convertido en orientación y sentencia como consecuencia de la repetición constante y aburrida de las mismas cosas de siempre.

En tanto tú, María, María del perdón, ¿por cuánto tiempo tu vientre habrá suplicado al cielo, ser el guarda permanente de aquella criatura santa? Criatura inocente que viniendo para proponer y construir un modelo diferente, modelo agradable en santidad a los ojos del Creador, era desde un inicio maliciosamente ignorado, y aunque esto se intentase comprender por ser una práctica común desde antes, sin antes y aún después, lo más reprochable fue el tratamiento desconsiderado y hasta vulgar dispensado a aquella pareja humilde necesitada de todo: calor, techo y comida para sus cuerpos cansados, comprensión, diálogo para sus sentimientos sencillos, transparentes y divorciados de la "mala levadura" acumulada en los corazones por los siglos de los siglos: *¿Dónde está tu hermano Abel?... No lo sé; ¿soy acaso el guardián de mi hermano? (Gén 4:9).*

¡Por fin!, concluyó la primera noche en las tierras belemitas. Antes que los gallos afinaran su garganta para el típico saludo de los cantos matinales, el esperar impaciente del clarear de la mañana, saludó la inquietud de aquel descanso incierto y simulado, incrementado en la presencia apresurada de las horas acostumbradas a complicar la existencia. Necesidades al descubierto, tareas a realizarse, encuentro con semejantes que tensaban la paciencia de habitantes y viajeros, que con sus prisas e impaciencias transformaban los ambientes.

Independientemente de todo, la incertidumbre debió continuar marcando los rasgos expectantes en los rostros de José y María, rasgos de un "no saber" qué hacer o qué esperar en aquel amanecer mudo y sombrío, amanecer como todos los amaneceres del mundo, sin los más leves indicios o intenciones que señalaran un cambio desde la solidaridad de los otros... los hermanos.

Triste experiencia para quien inocentemente, suplicaba una palabra, un gesto, una mirada diferente, que disminuyese el frío silencio que como castigo adicional confundía el entendimiento. ¡Qué iluso, José de Nazaret! Pretender recibir las consideraciones normales dispensadas por los vasallos del mundo, ¡a vos, simple mortal marginado y sin importancia! ¡Ah, José de Nazaret, jamás pensaste en la complejidad de los registros sociales clasificados y codificados por los inteligentes y sagaces hombres de tu tiempo!, ¡nunca te ubicaste, José de Nazaret!, y seguramente en el resto de tus días tampoco alcanzarías a lograrlo.

No era tu culpa parecer un intruso en la cultura de tu pueblo, con cuánta mayor razón no habría que culpar a los componentes de ese pueblo en el parecer intrusos en la cultura de tu Dios; quizás a quienes habría que aplicar los "méritos" de aquel usual comportamiento con matices de conducta religiosa, sería con justicia a los jerarcas que vanidosamente se apropiaron de la conducción y del templo, que profesionalizaron y convirtieron en oficio retribuido el discernimiento de la palabra, palabra inconmovible, verdad inquebrantable, a la cual paganamente pretendieron adulterar de manera consciente conforme a su pretenciosa "imagen y semejanza", llegando en el colmo de sus desmanes, a reducir el mensaje de la voluntad del cielo en un mensaje personal y caprichoso mañosamente manipulado, disimulado entre alertas de profetas, caricias espirituales brindadas por la misericordia del omnipotente, arrullos de misericordia hacia los buenos hombres que testimoniaron sus experiencias como fruto de la vivencia con el Padre.

¡Cuánto pesar debió haber acumulado tu corazón... descendiente de Helí y de Jacob!, cuando tus ojos contemplaron extasiados la figura adormecida de aquella joven bella, criatura de Dios... futura madre que en el avanzar de su embarazo adquiría el porte majestuoso que emanaba de manera particular de aquel rostro delicadamente terso, rostro de mujer amada por el amor, que irradiaba una gran paz a pesar de las circunstancias que adversamente golpeaban la ingenuidad de su entendimiento, y aun, de sus tiernos sentimientos.

Sin embargo, tranquilamente reposaba como si únicamente le bastara para sentirse segura, la compañía protectora del buen hombre que, desde los umbrales de su senilidad, le obsequiaba el potencial de sus fuerzas en retirada y la expresión tierna y serena que ahogaba las más indecibles preocupaciones. Actitud de contradicción con la fiel expresión de la conducta de la gente de Belén, extremos de negación del hombre por el hombre contenidos como referencia, en la indiferencia y negación de los más elementales servicios demandados por la subsistencia humana.

¿Qué pensarías José?, cuando el nuevo día que visitaba Belén te saludaba con alegría, con el descobijamiento paulatino de los eventos que saturaban su calendario en aquel juego interminable y misterioso, de ir revelando a cada instante las porciones individuales de "lo bueno, lo malo y lo feo" asignado a cada mortal, cuota obligada en la distribución de la carga diaria, deberes y tareas que durante veinticuatro horas deberán ser realizadas sin postergación de horario.

Por lo tanto, en el amanecer de ese nuevo día, nada es diferente a lo ya vivido en otros amaneceres entregados a los hombres, nada nuevo bajo el mismo sol que calienta las superficies de siempre, topografías maquilladas por el escaso verdor de algunas plantas, por el pálido color terroso propio de las tierras palestinas; superficies adormecidas en su propia naturaleza para enaltecer la vanidad de su aparente belleza, vanidad que acrecentaba el orgullo, que a su vez, era fuente que incentivaba las ansias de dominación de los hombres por sobre toda esta materia existente.

Ansias de controlarlo todo para poseerlo, para arrebatarlo, para acrecentar la distancia que incentiva el endiosamiento y la avaricia que separa a los hombres en dos segmentos distintos: segmento de miseria que sufre y segmento de abundancia que ríe. En consecuencia, segmentos ubicados en riveras opuestas que, en la profundización de sus contradicciones, besan insensibles por impulsos diferentes, aquel río de sangre saturado de conciencias trituradas, sentimientos burlados y lamentos desgarradores que jamás encontrarán reposo.

Sin embargo, para enjugar el llanto que como bálsamo mitigue la desolación, ¿a quién dirigir la mirada suplicante?, en aquella telaraña tejida eficientemente por los hombres y por los siglos en una concertación dominante entre los poderes del mundo, pacto de fuerza para mutilar y destruir las incomodidades que disgustan a la materia satisfecha.

Tu comportamiento natural de mansedumbre José; jamás podrá penetrar y desgraciadamente... sensibilizar, a los demás comportamientos que luchan y se desgarran por consolidar de manera permanente aquel estado de cosas: ¿rutina o normalidad?, que pareciera constituir el reino predilecto de los hombres como cuna de sus sueños, sueños de posesión absoluta, ansias de dominación, sueños triunfalistas de nacer y no morir a las caricias y placeres que gobiernan los sentidos.

¿Qué podías hacer, José, ante aquella realidad adversa, ante aquellas respuestas enmudecidas sobre las que inútilmente pretendías influenciar con tu palabra y tu mirada profunda?, ¿qué podías hacer apoyado únicamente en la transparencia de tu ser?, ¿cómo podías provocar un cambio de actitud, que fuese fuente de alivio en las condiciones de María si tus semejantes carecen de la sensibilidad apropiada para sentirse interpelados ante tus peticiones de ayuda? ¿Cómo encontrar un corazón amigo, si los sentimientos no asoman y aún se ocultan los gestos de tolerancia? Ausencia belemita que les mutiló la vida, reprimiendo hasta los impulsos superficiales que les hubiesen dado gloria, ausencia del más elemental humanismo para proveerte al menos, el resguardo hospitalario que significara techo y comida.

Sin embargo, a pesar de todas las necesidades no cubiertas, continuaron subsistiendo y penetrando en aquel tiempo que orgullosamente entregaba sus días, tiempo de preparación en su recorrido temporal hacia la consecución del feliz acontecimiento anunciado por el ángel.

¿De qué manera lo soportaron?, o ¿bajo qué condiciones alcanzaron el momento preciado bíblicamente anunciado, celebrado y pregonado hasta las generaciones presentes? Realmente debe ser motivo de reflexión que involucre enamoramiento por las cosas del Reino, o quizás, sea mejor callar con respeto y reverencia acerca de lo poco o mucho trasmitido desde la sencillez y autoridad con que se forja la historia. A lo mejor de esta manera, podríamos descubrir lo acontecido a la pareja de Nazaret, en aquellos días, en aquel lugar, en aquellas circunstancias de silencio que certificaron su evidencia en el abandono y pobreza que les acompañó como guía en Belén.

¡Cómo se tejía la historia!, ¡cómo se cumplía de forma anticipada! El llamado que cincuenta años más tarde el apóstol Pablo hiciera a los griegos en la sala del Areópago[87] de la ciudad de Atenas. Llamado de exhortación para despertarlos de su conflicto espiritual, confusión acentuada en la multiplicidad de dioses invocados. Prédica hacia la conversión, invitándolos a encontrar al Dios continuamente buscado, pero también, continuamente ignorado.

De manera similar, es ese mismo Dios desconocido para los griegos, el que se encuentra reflejado en la superficialidad de las enseñanzas y prácticas religiosas. Evidencia de la frágil credibilidad hebrea que constituía la frialdad e indiferencia con que eran tratados, entre otros: los forasteros, los huérfanos, las viudas, los discapacitados y portadores de enfermedades de tipo contagioso. Dios pregonado a los cuatro vientos, pero férreamente encarcelado en las conciencias, en las mazmorras o cárceles de la vida diaria, en las imposiciones religiosas que deformaban la vivencia de la fe y de la esperanza, en el Dios único y "sin rostro" que viene para estar entre nosotros.

Es ese mismo Dios desconocido, lejano, deformado por los intereses y fantasías de los hombres, el mismo que resplandeció

---

87   Lugar donde se reunían los filósofos y notables.

con mayor presencia en la debilidad y el abandono de aquellos hijos predilectos y amorosos, quienes, a pesar de los poderes desplegados por el mundo, resistieron y confiaron; transformando la desesperanza en esperanza, la humillación en glorificación y lo asfixiante de aquellas circunstancias, en un proceso personal y familiar de constante purificación y alabanza.

En tanto, el tiempo jugador empedernido en el azar de la existencia, continuó jugando en su marcha hacia las profundidades oscuras y lejanas de lo "no vivido", regalando al mundo la repetición de lo nuevo de ayer, convertido en obsoleto hoy y... declarada de hecho y de derecho su caducidad mañana. Como siempre, nada nuevo bajo el solitario sol que cobija el nacer y morir de aquellos días, de aquellas horas que guardaron en sí mismas la fiesta que nacía. Horas de solemnidad y gala, que marcaron el imprescindible cumplimiento de los hechos temporales. Horas profetizadas para dar paso a los nueve meses esperados por el cielo, meses de expectación contenidos en la feliz experiencia de lo creído conforme lo anunciado, experiencia vital de los servidores de la promesa que por su continua escucha y observación de los hechos que surgían, pudieron descubrir, participando en las vivencias espirituales, como fieles testigos de lo eternamente prometido:... *Fíjense que ya llega el rey de la Alianza que ustedes tanto desean, dice Yahveh de los ejércitos (Mal 3:1).*

Qué lástima Belén, por tu sordera y tu ceguera

Sin embargo, Belén, Belén, no descifraste los tiempos que vivían y morían para enaltecer tu suelo con la llegada de tu rey. No engalanaste tus calles para que sus pisadas se quedaran grabadas como prueba de tu espera[88], de tu agradecimiento y disposición para honrar a quien te había escogido para favore-

---

88 Miqueas 5:1

certe con su bondad y poder; ni tus templos permanentemente fríos, adquirieron el calor de la auténtica conversión de los fieles que de manera permanente u ocasional te visitaban, para expresar pinceladas de agradecimiento, intenciones de compromiso o las consabidas peticiones y acción de gracias que "acallaban" las conciencias como sedante espiritual.

Con cuánta mayor razón los corazones de tus habitantes, muchos de ellos ocupados en acariciar y demandar las generosidades del mundo se olvidaron fácilmente del momento y el lugar prometido para festejar aquel encuentro, encuentro profetizado y querido que miles de años esperaron con su correspondiente carga de generaciones suplicantes y extinguidas, generaciones ya olvidadas en aquel eterno juego del ser y dejar de ser.

No respondiste agradecida a la misericordia de tu Adonay[89], que para contrarrestar tu ceguera y tu sordera, te anticipó cariñosamente en las palabras del profeta Miqueas de Moreset[90] (600 a.C.) la promesa que no entendiste, el mensaje de amor que descuidaste, desperdiciando la felicidad de tu pueblo, en la entrega y consumación del compromiso con que te honraba el cielo para que fueras cuna de la redención prometida: *Pero tú, Belén Efrata, aunque eres la más pequeña entre todos los pueblos de Judá, tú me darás a aquel que debe gobernar a Israel, cuyo origen se pierde en el pasado, en épocas antiguas (Mi 5:1).*

Fragmento de generación que dormías y transitabas por aquellas tierras belemitas. Parcela bendita escogida desde siempre para recibir como depósito la luz que golpearía las tinieblas,

---

89 Uno de los nombres de Dios en hebreo como reconocimiento de que "Dios es el Señor". En el antiguo testamento los israelitas tenían varios nombres para referirse a Dios.

90 Ciudad de nacimiento de Miqueas profeta contemporáneo de Isaías (Miq 1:1).

luz para iluminar al mundo fracturando la historia de luchas, ambiciones, liderazgos traicioneros y liberaciones frustrantes, que habían aletargado y endurecido los sentimientos que gobernaban los hechos que iban pasando, la convicción del creer y la fidelidad en el esperar de aquel género humano tradicionalmente creyente.

Por ello, no supieron esperar ni percibir como pueblo fiel que el final de su desierto se acercaba, que tocaba cariñosamente a sus puertas, que en ellos habitaba la responsabilidad delegada de acoger el nacimiento de una nueva historia, nuevas formas de vida radicalmente diferentes en su contenido y derrotero que serían señalados a los hombres.

Eran estos días inadvertidos de la nueva alianza inaugurada por Jesús, como los días de fiesta que compensarían el recuerdo cruel de las condiciones de sufrimiento que determinaron en el pasado su dispersión como pueblo. Acontecimiento de ingrata recordación, imposición y afrenta decidida y consumada setecientos treinta y dos años antes por el rey de Asiria. Era el continuar la reconstrucción de Israel[91], era la reivindicación definitiva que sellaba el destino de los pueblos de Zabulón y Neftalí (hijos de Jacob-cabezas de tribu), convertidos siglos antes en la nueva Galilea. Era, en fin, la expresión literaria de un poema (732 años a.C.), conclusión y sueño encarnado en la vida, por los hechos de María; canto y poesía acariciando una realidad, versos que anunciaban la construcción de una esperanza: *Al pueblo de los que caminan en la noche, se le apareció una luz intensa; a los que vivían en el oscuro país de la muerte, la luz se les acercó (Is 9:1).*

Y bajo la sombra del caminante tiempo se robustecieron las horas, enriqueciendo su contenido con la experiencia aportada

---

91   Nombre dado por Dios a Jacob (Gen 32:29) padre de los israelitas.

por José y María, experiencia festiva en el hacer, en el abandonarse a la "solitaria" y suficiente compañía de su Dios, refugiándose "cuerpo y alma" en el calor divino, amparo anhelado y buscado para no morir de frío, para no llorar en la triste soledad con que fueron cobijados en la ciudad de David.

Ese tiempo final de la espera ilusionada, del final del período gestante o de embarazo, no determinó en modo alguno la ocurrencia de circunstancias diferentes a las que paulatinamente se venían presentando, ocurrencia de eventos sin que hubiesen alterado aparentemente la normalidad de los días anteriores. Por lo tanto, así tuvo que ser: en un establo viejo, revestido de "ripios", mal construido y desvencijado por el uso, rechinando fácilmente en la estructura azotada por el viento, habitado por colores y olores provenientes de la higiene natural de este tipo de recintos, sometido a la invasión y tortura de los bichos aéreos y rastreros.

Sin embargo, a pesar de todo, como el nacimiento de Jesús era la plenitud de un período de gracia que se venía gestando desde los albores de la humanidad, ningún elemento de procedencia natural podía detener lo que era responsabilidad absoluta de lo sobrenatural; responsabilidad materializada en el cumplimiento de lo anunciado por los profetas, cumplimiento de la promesa que inauguraría el gozo de aquel sueño eternamente divino, sueño y misericordia para acariciar el corazón de lo creado.

La plenitud de los tiempos

> *Pero, cuando llegó la plenitud*
> *de los tiempos, Dios envió a su Hijo,*
> *el cual nació de mujer…*
> (GÁL 4:4)

Corría el año setecientos cuarenta y nueve de Roma, o setecientos cincuenta y cuatro, conforme la cronología cristiana instaurada en el siglo sexto por el monje Dionisio[92]. Cuando de pronto… ¡los cielos enmudecieron!, las entrañas de la tierra se estremecieron de gozo, el espíritu de los pueblos cantó en silencio las alabanzas de gloria. El momento esperado por la inmortalidad de los tiempos… ¡había llegado!, 25 de diciembre, fiesta de la Natividad[93], conclusión de los nueve meses iniciados en la Encarnación, plenitud de las profecías al compás de la festividad, explosión, síntesis y esencia de la eternidad de Dios que nacía entre los hombres. Era como si de pronto, la armonía del verso y la poesía celeste agasajaran la vivencia que conmovía al Verbo en su perpetua presencia frente al Padre. Era la transferencia, por así decirlo, de la luminosidad que bañaba los cauces, riveras y campos de los confines del universo asentando su morada en aquella pequeña esquirla o fragmento de la bendita creación, porción visible y privilegiada, parcela cósmica bautizada como Tierra en el registro de la aún limitada cosmografía universal.

Y aunque la luz ya habitaba el planeta desde sus orígenes más remotos, *mientras el espíritu de Dios aleteaba sobre la superficie*

---

92   El Exiguo (Pequeño) siglo VI, fue un monje erudito que dio origen a la determinación del período de la era cristiana.

93   Referida al nacimiento de Jesús en Belén y celebrada por la Iglesia Católica en la noche del 24 al 25 de diciembre.

de las aguas (Gén 1:2), sin embargo, fue evidente la presencia corporal de la plenitud, cuerpo y figura "habitando" en la persona de Emmanuel: *Él es la imagen del Dios que no se puede ver, el Primogénito de toda la creación, ya que en él fueron hechas todas las cosas; las del cielo y las de la tierra; lo visible y también lo invisible… (Col 1:15-16).*

Mientras tanto, en el establo donde según la tradición… hoy, en pleno siglo XXI se encuentra ubicada la Basílica de la Natividad, continuaban perfilándose las nuevas incidencias que vendrían. José perlaba su frente de sudor y su cuerpo se encorvaba dócilmente bajo los efectos tensionantes que aquel nacimiento le causaba, los minutos transcurrían como pesados fardos sobre la humanidad de un atleta cansado. El proceso natural del alumbramiento continuaba, y… poco a poco, era cada vez más evidente la venida al mundo de una criatura linda e indefensa en su inocencia, criatura engendrada por el cielo en el seno de María, y cuyo rostro y cuerpecito hicieron exclamar a gritos, las expresiones más exquisitas de aquel pequeño auditorio: *Porque un niño nos ha nacido, un hijo se nos ha dado que vendrá con mucho poder… (Is 9:5).*

Qué características las circunstancias que envolvieron al siervo de Yahveh. Casi podríamos afirmar, en consonancia con el contexto de la ciudad de Belén, que quienes contemplaron posteriormente su venida al mundo, aparte de María y José, los pastores y los sabios orientales, fueron hombres sencillos, inadvertidos por su escasa importancia en el tejido socio-económico-cultural de aquellos tiempos. Peones o sirvientes de las caravanas, cualificados indudablemente desde la perspectiva de las clases sociales, desde los estratos egoístas que gobernaban a los belemitas, y aún a los "no belemitas" del mundo.

Bastaría ubicarnos en el sitio preciso donde tuvo lugar el alumbramiento, ¡un establo!, ¿quiénes podrían haber estado cerca de ese sitio fuera de los inquilinos naturales que se acogen a la sombra de este tipo de recinto?, lo más seguro, sin temor a equivocarnos, es que debió haber sido la más rústica fuerza de trabajo, cuyos esfuerzos, habilidades y destrezas se ofrecían y obtenían cual baratija en mercado.

Precio irrisorio asignado a este tipo de labores, estimación subvaluada que competía en desventaja con el valor de carretas, herramientas, animales de tiro y de carga que confiaban a su cuido, instrumentos de trabajo y algunas veces de confort de cuyo mantenimiento y seguridad respondían, aun en detrimento de su autoestima, de su aparente libertad y hasta con sus vidas.

Por lo tanto, las voces, leyendas y opiniones que pudieron haber dado fe a *posteriori* de los hechos presenciados, de seguro se perdieron en las páginas anónimas que el tiempo enterró en el generoso olvido. ¡Vaya omisión o intención guardada en el silencio indiferente, páginas de la historia en blanco, enmudecidas y a escondidas de los hombres! ¡Vaya cultura de aquel pueblo!, arrinconando el conocer, el protagonismo y los hechos, restando credibilidad a las fuentes que aun sin darse cuenta tejían la historia concreta del evento.

En consecuencia, las narraciones que surgían como efecto de lo sucedido en aquel pequeño establo, fueron a lo mejor catalogadas como necias, como elucubraciones o inventos sin sentido, condenadas, por lo tanto, a perderse irremisiblemente en el deshojar del calendario hasta llegar a convertirse en rumor, chismorreo o leyendas de camino. Contenido de pláticas intrascendentes disponible para sofocar el vitalicio aburrimiento, pretexto generoso algunas veces para establecer esporádicas cadenas de conversación entre aquella peonada, colectivo obrero dependiente del capricho y los gestos temperamentales de sus amos.

Diálogo franco e inocente al paso de los días, entablado por la servidumbre con la eventual complicidad de algunos amos. Tolerancia en el escuchar de personajes caminantes, que curiosos se gozaron recobrando un poco de humanismo. Relatos tardíos de aquella historia que describía los pormenores del alumbramiento cobijado en el establo. Narraciones que por un buen tiempo debieron refrescar el hastío de grupos encontradizos de mozos, sobre todo en las caravanas del desierto, cuya sofocación y cansancio fue motivo de acercamiento para compartir las experiencias, acontecimientos guardados por la inteligencia y el corazón como riquezas temporales al alcance de los pobres. Tesoros inapreciables resguardados más allá de los despojos que acumulaban sus vidas, oportunidad de acaparar los momentos dedicados mutuamente para sentirse seguros en el hablar y escucharse, para sentir el calor dialogante que produce el compartir las propias experiencias.

De acuerdo a las consideraciones expuestas con relación a la posible ocurrencia y concurrencia ya descrita en el establo de Belén, podríamos asumir entonces, que la generalidad de los miembros relevantes o tenidos como importantes en aquella sociedad, no podrán atribuirse nunca autoridad ante el pesebre, ya que pecaron por omisión en su tiempo y ante los siglos por haber dejado vacío el lugar, por haberse "quedado en el camino" en la cita convocada desde siempre.

Por lo tanto, si "por casualidad" algún nombre se filtra como referencia, entonces habremos de considerar culpable su silencio, por no haber transmitido los pormenores del evento que hubiesen enriquecido el conocimiento y la vivencia de aquellos primeros días, semanas, meses y años. Conocimientos que nos hubiesen ayudado a descubrir, desde los insignificantes hasta los grandes cambios que obligadamente debieron alterar la normalidad cotidiana en los ambientes, en el pueblo, en aquella pareja humilde.

Asimismo, la presencia del pesebre debió hacer temblar los cimientos rutinarios de la dirigencia religiosa. Funcionarios de los templos, profesionales de la colecta y el disfrute de la ofrenda, acostumbrados a manosear la esperanza viviendo en consonancia con la total desesperanza. Manipuladores de exigencias externas que confundían los esfuerzos espirituales de los fieles, maltratándoles con la acumulación de cargas pesadas, impidiéndoles percibir que el final de su fatiga se aproximaba rebasando las murallas físicas y humanas, para llegar a convertir en carga ligera el cansancio de sus afanes y la tensión de la espera. Tardanza en el correr de los siglos asumida por el común de los creyentes como promesa olvidada, como utopía o negligencia del cielo que conducía a la tentación de emprender el camino hacia la incredulidad y el olvido, dando paso con ello, a mayores cuotas de libertinaje y desobediencia que multiplicaban la práctica y las consecuencias desprendidas de los apetitos más insaciables: *Este es el resplandor de la gloria de Dios y en él expresó Dios lo que es en sí mismo... (Heb 1:3).*

Qué lástima, que los destellos de la luz pasasen desapercibidos en aquel anochecer vitalicio que grotescamente sometía las conciencias a un divorcio espiritual, alejamiento único y culpable que acentuaba la ceguera que impedía recrearse al pueblo, para gozarse en las tonalidades de fiesta que irradiaba el nuevo amanecer.

Y aquel Dios invisible, que desbordó sus caricias en Moisés: *Yo estoy contigo... (Ex 3:12)*, en Jeremías: *No les tengas miedo, porque estaré contigo para protegerte... (Jer 1:8)*, en Ezequiel... *No temas, aunque te encuentres entre cardos y zarzas y vivas en medio de escorpiones (Ez 2:6)*; es el mismo Dios que se hace visible y comprensible a nuestros sentidos bajo la figura de Jesús, tomando forma y tomando cuerpo, que enmarcado en la naturaleza de los hombres asume dimensión de criatura frágil, delicada y dependiente de los sentimientos y protección de aquella pareja de Nazaret.

María... tú

María... ¡humildemente María!,
que forjaste para siempre un escenario de cielo:
un anciano, un niño, un establo...
una sonrisa en tu boca y un sentimiento en tu pecho,
un percibir los ardores de aquel corazón cansado[94]
que admirando tu figura
te besaba, te besaba.
¡Y quien no te besaría!... majestuosa María:
el universo a su reina,
el amanecer a su aurora
el firmamento a su estrella,
la humanidad al origen
de sus preciosos amores.

(EMILIO)

Amores que se esparcieron por las campiñas del mundo devolviendo la esperanza, devolviendo la alegría, contagiando corazones, recibiendo bendiciones.

Los pastores

El ángel, continuó paseando su desplazamiento y mirada por sobre los campos desiertos, como si buscara un amigo, como si buscara un creyente para compartir la dicha, para festejar los gritos de aquella criatura santa, de aquel que sería grande para la gloria del cielo.

Entre segundos y minutos que se agotaban impacientes, la luz de aquel ángel en misión posó su profunda claridad en la humanidad de unos tímidos pastores, campesinos humildes

---

94 *José*

que, cuidando a su rebaño en la quietud de la noche, temblorosos observaban aquella iluminación extraña. Desde la sencillez de "su malicia y entendimiento", solo surgió el silencio como grito aprisionado de aquel miedo exagerado por lo eventual y misterioso del inesperado suceso. *Pero el ángel les dijo: "No teman, porque yo vengo a comunicarles una buena nueva que será motivo de mucha alegría para todo el pueblo. Hoy nació para ustedes en la ciudad de David un salvador que es Cristo Señor" (Lc 2:10-11).*

Cuánta delicadeza en la promesa, en la Anunciación, en la misión que conduce a la salvación. Sin embargo, aún deberán acentuarse más los arrullos "de cuna" dirigidos a los hombres: no teman pastores, no teman apóstoles, una vez más... no teman, pequeño rebaño creyente que esperaste contra toda lógica, contra toda certidumbre fruto de la medición de los cálculos humanos.

Meditación: invitación desde el pesebre

No temas, porque Yo... el Señor, una vez más he cumplido mi promesa y no te he dejado huérfano de mi calor, de mis caricias, de mis recuerdos como pueblo querido, como pueblo escogido para acompañar mis pasos por las sendas de todo lo creado hasta la consumación de los siglos.

Por lo tanto, ven a gozar conmigo y en ti reverdecerá el gozo de los que murieron y nacieron esperando este gran día, destierra tus temores y emprende el camino hacia la glorificación que espera a todos los que aceptan la verdad y la incorporan a sus vidas. *Ved que estoy a la puerta y llamo...(Ap 3:20)* no deseches mi llamada, no haga tienda en ti la duda ni la lógica te impulse a una espera, ¡basta ya de retrasos... en tu cita con la vida, pero con la vida prometida que es la vida en abundancia!

Ved que estoy en Belén... y te espero, para recorrerte desde tus pies a tus ojos con mi mirada de niño, para descubrir tu llanto y enjugar tus lágrimas que ya hacen surcos en tu cara, para acariciar tu piel gastada y encallecida de esos pies que han caminado sin llegar a su destino… destino en mí, destino eterno que únicamente el Padre… tu Señor, puede brindarte.

Ven a mí, criatura ven a mí, para que juntos celebremos el nacer de un nuevo día refrendado por la alianza que en mi hijo te regalo, ¿qué más podrías pedirme?, si en mi locura de amor he trasladado a tu mundo… el mundo que me has arrebatado: la alegría de mi cielo, el calor de mi morada, la ternura de mis ojos.

¡Silencio y quietud… ausencia de todo, espera y silencio, no temas… ven a mí, criatura ven a mí!

Continúa el cortejo hacia el pesebre

De pronto aparecieron otros ángeles y todos alababan a Dios, diciendo: *Gloria a Dios en lo más alto del cielo, y en la tierra, gracia y paz a los hombres (Lc 2:13-14).*

Pareció que, en la multiplicación de los ángeles presentes, se multiplicó también la gracia que iluminaba el conocimiento, movía la voluntad desinstalando el miedo, desterrando la indecisión y la incertidumbre ante lo nuevo, ante lo inexplicable de aquel suceso que sorprendía la razón de aquellos hombres, campesinos únicamente acostumbrados a la rutina de pastores.

Sin embargo, el "gracia y paz a los hombres" expandió sus sentidos espirituales para descubrir la invitación que aquella feliz noticia involucraba: la ciudad de Belén, a 9 km. al sur de Jerusalén, lugar de peregrinaje para consagrarse en presencia y adoración ante el hijo de la promesa. Entonces… *fueron apresuradamente y hallaron a María, a José y al recién nacido acostado en la pesebrera (Lc 2:16).*

Qué gozo y satisfacción más grande habrá significado, para estos seres apartados de las cosas importantes de su lugar y su tiempo, el haber discernido en sus corazones que era por expresa voluntad del cielo el que acudieran presurosos ante el heredero de la casa de David. Pero de mayor trascendencia aún, era la presencia, júbilo y proclamación para los tiempos futuros, de que las profecías también por ellos conocidas, guardadas y esperadas de generación en generación, habían llegado a su fin, a su cumplimiento, a la culminación que marcaba el inicio de una nueva realidad, de una nueva experiencia en las relaciones de los hombres para con su Dios.

Cuánta alegría en María, al escuchar de "viva voz" de quienes fueron sujetos de la exhortación del ángel, el impulso y motivación que les condujo a encaminar sus pasos hacia el pesebre de su hijo, gozar de aquellos relatos que, como mensajes delicados del cielo, para ella y para José, vendrían a robustecer aquella fe inconmensurable, a robustecer la esperanza y la acción de gracias por haber sido escogidos para estar presentes en el advenimiento de la plenitud de los tiempos.

¡Cuánta alegría y felicidad cobijaba aquel desvencijado establo! lugar que compartían como riqueza, quienes en la vida compartían la pobreza. Sus miradas cual esponjas, sedientas por atrapar el ambiente, no cesaban en sus prolongados movimientos para contemplar con profundo agradecimiento cada pulgada de aquella tierra prestada, cada lugar que escondido bajo las sombras o bajo los múltiples escombros constituidos del establo, se sumaban para participar en la historia como elementos presentes, como "voceros sin voz" que atestiguarían, algún día con su transformación y silencio grave, de materia inerte, ante la inquisidora incredulidad del mundo.

Esas mismas miradas que caracterizaban, sin excepción, a todos los huéspedes del establo propiciaron que, al descubrirse mutuamente en el espacio indefinible de aquel irregular recinto, "bailaran alocadamente" posándose en los unos y los otros, como si no encontrasen reposo, como si no quisieran desprenderse de la posesión visual de aquellos minúsculos rincones, rincones de cuna que a su vez guardaban como dueños, mayúsculas porciones de aquella celebración.

Qué lástima que se perdiera en el transcurrir olvidadizo de los años, la vivacidad y el dinamismo que de seguro acaparó aquel encuentro en el que se multiplicaron las sonrisas, las palabras, las exclamaciones de admiración y cariño, así como los constantes y expresivos gestos que gobernaron los impulsos para concluir en abrazos, en saludos y sonrisas que significativamente acompañarían la consolidación de las nuevas realidades.

Cuánta sabiduría debió haberse perdido en la "conformación" del vacío que hoy mutila nuestra historia y nuestro gozo. Con cuánta veneración repetirían nuestros creyentes, aquellas frases de madre, de pastores y de padre que adornaron el pesebre:

> Arrurrú mi niño, arrurrú mi santo,
> gracias a Dios que viniste
> después de esperarte tanto.
>
> (EMILIO)

Inmenso significado que fueron acumulando esas horas para la tierra y las mansiones celestes, significado que, sin embargo, los invitados como pueblo escogido para escuchar con sus sentidos espirituales lo que debió ser la señal identificable para los hijos de Abraham, señal cronológica en la virgen embarazada, en la presencia del ángel como testimonio de la presencia del Padre gobernando la profecía, y los llantos naturales del niño que, al menos como efecto del más elemental sentimiento, escuchen bien, del más elemental sentimiento... inquilinos del establo, inquilinos de Belén, Jerusalén, Galilea y todo el pueblo creyente, debieron vivir en alerta permanente, en escucha reflexiva desde la sensibilidad de sus corazones; pero lamentablemente no alcanzaron a descubrir la luz, familiarizándose con la oscuridad por no haber estado prestos con su "lámpara encendida".[95]

Y las trompetas del templo allá por Jerusalén, continuaron pregonando su superioridad y su ignorancia en el anuncio escandaloso y rutinario del surgimiento y ocaso de aquel día del Señor.

Mientras en el recinto que hospedaba aquel evento, continuaba la fiesta de agasajos y primores que aquella criatura santa inspiraba a los presentes; José, con su mirada serena cual apacible banco de nubes de verano... presenciando aquel espacio, monopolizaba en su expresión la alegría sosegada y reflexiva como fiel modelo del tranquilo atardecer que experimentaba en su vida.

En cambio, aquel grupo de pastores espontáneos y sencillos aportaban al momento del feliz advenimiento, el calor de la sangre joven, la festividad de los impulsos en sus gestos y palabras, la continua expresión sustentada en altibajos de vocablos, estilos y entonaciones que fácilmente descubrían una vivencia de campo. ¿Cuántos fueron?, no sabemos, ¿quiénes fueron?, pues... la verdad... nos importa, pero tampoco lo sabemos. ¡Ya!, dejemos a los pastores, porque al fin y al cabo algún día, en algún lugar nos encontraremos.

Y ¿qué pasó con aquel grupo de curiosos iniciales?, posiblemente en el transcurrir del tiempo se fue largando la mayoría, desgranándose lentamente con sus portes cabizbajos soportan-

---

95 Parábola de las diez jóvenes (Mt 25, 1-13).

do la desvergüenza, se perdieron en el olvido cobijados por las sombras, sombras de crueldad y vacío, sombras de indiferencia y anonimato, sombras de omisión y pecado que hoy la historia nos reclama.

En el encuentro con los pastores, solo María callaba y sonreía en sus adentros como platicándole al Padre los misterios descubiertos en su experiencia de madre, como susurrándole al cielo su admiración y cariño por haber extendido su manto para cobijar a su niño, como buscando en secreto en algún lugar lejano pero cercano en su pecho, la figura de un ser querido que siendo un ángel era su amigo desde aquel instante mismo en que sirviendo de enlace, la saludó con cariño: *Alégrate tú, la amada y favorecida; el Señor está contigo (Lc 1:28)*.

Dicha

¡Oh dicha!, inmensa dicha
que desbordas mis entrañas
y potencias voluntades;
¿cómo soportar tus fuerzas?,
¿cómo resistir tu empeño?,
¿cómo rechazar tu gracia?,
si en mis fronteras humanas
eres el soplo de vida
 eres verdad y camino
que destierra mis engaños.
 Eres regalo del cielo,
eres la luz en la noche,
eres camino hacia el Padre,
sos la experiencia del hijo.

(EMILIO)

Bajo el cumplimiento de la Ley: La circuncisión

Se fueron los pastores, y con ellos se marcharon los minutos primigenios de la nueva estirpe humana, instantes contenidos en la historia como espacio sacramental de nuevos tiempos, segundos o fragmentos temporales, que resignados murieron para esperar un nuevo nacimiento en cada acontecimiento y esperanza que posteriormente seria recordada.

La normalidad en aquel establo "principesco" fue recobrando su ritmo, incorporándose a la sorpresa inicial de aquel suceso maravilloso, la presencia de nuevas experiencias saturadas de sentimiento y devoción que de manera fiel a partir de ahora, constituirían la "nueva normalidad", la nueva forma de vivir asumida bajo horizontes de felicidad no conocidos hasta ahora por la esclava del Señor, y aún, por el siervo humilde, José, que cobijado en la sombra del silencio y anonimato, acogía los días de su existencia como tributo sencillo en las manos de su Creador.

Todo continuó su curso y... de manera imperceptible, se fue estableciendo la presencia de un nuevo orden con sus características de tareas y tiempo que tendrían que regir las iniciativas y experiencias de aquella ilustre pareja, pareja favorecida por el amor del cielo, por el amor de la Palabra que habitaba en ellos. Pareja amante y respetuosa de la ley, que encaminaron sus voluntades bajo la más estricta obediencia de lo establecido en los ritos y costumbres que su pueblo y religión les demandaba: *Al octavo día, circuncidaron al niño según la ley, y le pusieron el nombre de Jesús, nombre que había indicado el ángel antes que su madre quedara embarazada (Lc 2:21).*

Se había cumplido el primer acto del proceso de iniciación contenido en la ley judaica, incorporación formal, que sustentaba su obligatoriedad en las mismas palabras de Yahveh dirigidas a Moisés: *Conságrame todo primogénito (Ex 13:1)*. Palabras de conducción para indicarle lo que le era agradable que su pueblo realizase, encomienda y orientación como proceso de inserción en el camino de la obediencia, de la aceptación como pertenencia a su pueblo.

Eran además, las enseñanzas y recomendaciones acerca de la recuperación del estado de pureza que como consecuencia de la maternidad y el alumbramiento, convertía a sus protagonistas en sujetos portadores de una situación lastimosa de pecado, condición sancionada con la prohibición de participar en cosa alguna ante el santuario; así como la imposición de la abstinencia, ante el anhelo vehemente o circunstancial por acariciar las reliquias santas, que con tanta veneración contemplaba el pueblo: *No tocará ninguna cosa santa, ni entrará en el santuario, hasta que se cumplan los días de su purificación (Lev 12:4)*.

Purificación como experiencia trascendental en el caso de María, condición que, por primera y única vez en su vida, incidiría en el cumplimiento, en el sumarse a la obediencia generalizada de aquel período invariable y predeterminado, que como exigencia religiosa se convertía en orientación y requisito que garantizaba ante el pueblo, la plena recuperación de la pureza.

Purificación como gozo y virtud, contenida y explicada en los preceptos que en calidad de ordenanzas surgidas de la inspiración levítico-sacerdotal, regían las enseñanzas, prácticas y costumbres de Israel desde los tristes tiempos de la destrucción de Jerusalén, y por consiguiente, del reino de Judá (586 a.C.), de la dolorosa dispersión cruel y anárquica de todos sus habitantes, como decisión impuesta por los vencedores caldeos, y por último, el destierro selectivo de dirigentes, nobles y sacerdotes, que como castigo de rebelión les convirtió en ciudadanos forasteros durante cuarenta y ocho años (586-538 a.C.), en las tierras babilónicas de Nabucodonosor II[96] y Baltasar[97]. Aun con todas estas vicisitudes el precepto era invariable: *Cuando una mujer conciba y tenga un hijo varón, quedará impura durante siete días, igual como en el tiempo de sus reglas (Lev 12:2). Al octavo día, circuncidaron al niño según la ley, le pusieron por nombre Jesús, nombre que había indicado el ángel antes que su madre quedara embarazada (Lc 2:21).*

Canto a María

Sangre del cielo mezclada con la sangre de María,
para conformar entre ambas... la sangre del Mesías,
cuerpecito tierno que entre abrazo y abrazo
experimentas hoy,
en el calor de aquel maternal regazo,
toda la dulzura santa de aquella mujer preciosa
que enamorada del Padre
se le donó como esposa.

(EMILIO)

Y caminaste, mujer, por los senderos del tiempo que los días señalados por la ley, fueron marcando en la marcha penitencial de tu retiro, retiro de obediencia y convicción que asumiste de manera voluntaria y generosa, avanzando de manera paulatina hacia el altar de la virtud conforme lo instruido por Moisés, acatamiento y realización que te constituyó nuevamente ante el pueblo y ante tu Dios, como víctima y ofrenda agradable en su pureza.

---

96   Rey de Babilonia (a.C. 630-562 a.C). Conquistó Judá y Jerusalén, construyó grandes obras como los jardines colgantes de Babilonia.

97   Príncipe babilónico caído durante la invasión persa de Ciro II el Grande.

Treinta y tres días para María (Lev 12:3), como premonición o presagio de los treinta y tres años de vida para Emmanuel. ¡Cómo se tejía la historia!, ¡cómo se labraba el futuro, en aquella disposición coincidente y oculta por la irreflexión y la prisa de los hombres y la vida! Misterio, casualidad o determinismo que desde ya se construía con María, para presentar por segunda vez ante el vasto templo de la inmensidad universal, aquel cuerpo material y espiritual que crecía, que adquiría la conformación y el tiempo para cumplir el destino que la voluntad y los sentimientos de los hombres le habían reservado.

Destino fatal asignado como propuesta "inteligente" de los intereses y poderes del mundo, como contraparte que compensaría la intranquilidad que su presencia y su palabra ocasionaría en las "comodidades" del orden temporal, modo de vida institucionalizado y personal, que reclamaría como precio la incondicional aceptación y generosa entrega de la propia vida.

Pero... en este momento, ¿cómo saberlo, o al menos imaginártelo, vos... muchachita de Nazaret?, si en el espacio etéreo habitado por el tiempo, únicamente regalabas la sonrisa y los afanes por llenar de besos y apretujones aquel cuerpecito tuyo, aquella reliquia santa, aquel pedacito del Padre que de segundo en segundo te obsequiaba sus riquezas: una pareja de camanances resguardando aquella boca y que felices por tu presencia le danzaban a tus ojos; una mirada tierna y profunda que atrapaba tu figura como queriendo absorberla para llenarla de besos, observación sublime que desbordando el silencio te gritaba su ternura; unos bracitos inquietos que buscaban otros brazos, brazos seguros de madre que le brindaran su pecho; y una cascada sonora de sonrisas y "palabras", balbuceos desconocidos que jugaban al misterio atropellando a su paso la razón y los criterios. ¡Cómo jugaba con vos demostrándote su cariño!, ¡cómo se divertían los dos acariciándose como niños!

Bajo el cumplimiento de la Ley: Consagración y purificación

Cuarenta amaneceres transformados en cuarenta anocheceres, cuarenta días vencidos que felices observaron el quehacer de aquellos seres. Hombre, mujer y niño pletóricos de cariño, felicidad sin medida saturando y contagiando cada rincón de esos días...

Por lo que muchas veces absortos o distraídos en la dicha y el anhelo por disfrutar la alegría desbordante, y la vivencia abundante como tesoro del cielo, aprisionaron la experiencia cotidiana, cuyas fronteras apacibles en sus vidas eran continuamente asediadas por las expresiones de una convivencia comunitaria mal entendida, erosión del tiempo en sus humanidades transitorias y el efecto regresivo en sus potencialidades que acentuaba la finitud o estrechez de las energías y reservas materiales.

Hasta que, ¡por fin!, en el transcurrir silencioso de los días, llegó el momento esperado de visitar el santuario: el niño, María y José, inquietos y expectantes por apurar el instante de penetrar en el templo. La prohibición mosaica[98] para María, ya no existía porque el plazo "hoy"... se vencía; luego de cuarenta días de lejos, sin besar las cosas santas, ni escuchar los comentarios que inspiraban la palabra en los labios del rabino ejemplar y preocupado que expresaba con cariño todo el mensaje del cielo, descendiente de Leví escogido para el pueblo, para los fieles de su demarcación o territorio que sedientos de la vida, vida plena en abundancia... le escuchaban.

Se engalanaron los cuerpos con los trajes "domingueros", se predispuso el ambiente desde la tímida aparición de los pri-

---

98   Se refiere a la ley de Moisés contenida en la Biblia hebrea que regía al pueblo de Israel.

meros instantes; breves porciones de tiempo que inauguraron el despertar de aquel día fervientemente esperado. Por eso, cuando llegó el momento de emprender la partida hacia la casa del Padre, hacia la casa de todos; vivienda, enseres y ambiente quedaron muy resguardados, todo debidamente ordenado con sabroso olor a limpio para festejar el regreso de la familia creyente que, habiendo agotado y agigantado una etapa de su experiencia, vendría con nuevas fuerzas para continuar viviendo bajo la gracia del Padre.

Asimismo, cuando llegó el día en que, de acuerdo a la ley de Moisés, debían cumplir el rito de la purificación de la madre, llevaron al niño a Jerusalén: Ahí lo consagraron al Señor; tal como está escrito en la Ley: todo varón primogénito será consagrado al Señor además ofrecieron el sacrificio que ordena la Ley... una pareja de tórtolas o dos pichones (Lc 2:22-24).

Y quedó satisfecho y concluido el rito establecido para la purificación de María. Cuarenta días se habían cumplido y con ellos también concluían las similitudes con la travesía en el desierto, ¿similitudes o coincidencia?, ¡vaya Dios a saber! Por qué hermanaron su experiencia con la vivencia del pueblo judío en sus cuarenta años de marcha en aquel éxodo que debió parecer interminable. Una vez más proyectado en el tiempo, el gran legislador de las ovejas dispersas, Moisés, orientaba a los suyos, acercando los mil años que conformaban una etapa del pasado con relación a los que separaban los acontecimientos de María.

En esta oportunidad, nuevamente bajo la orientación y cumplimiento de la ley, también María se liberaba de los tentáculos del pecado, condición soportada en la impureza que, en la cultura religiosa de su pueblo, se establecía como fruto de la concepción y el alumbramiento.

Era la conclusión, por tanto, de su "retiro espiritual", que iniciado en Nazaret y refrendado en Belén, la providencia disponía que concluyera en Jerusalén, y ¡qué manera de clausurar aquella etapa que alegraba y fortalecía la vida de María!, ofrecer a su vez, de manera simultánea y como presente de acción de gracias ante el altar y presencia de su Señor, la primogenitura de su pequeño varón consagrado desde siempre como unigénito de Dios, consagración y ofrenda, en el templo universal e infinito constituido como morada y santuario que preside la creación.

Con cuánta facilidad te identificaste con la pobreza... María del templo, María de Jerusalén; si en el establo de Belén con seguridad a tu hijo le faltaron los pequeños presentes de los amigos y familiares, recursos tan necesarios sobre todo ante tu limitada disponibilidad de recursos, a lo mejor, se quedaron burladas aquellas prendas que hubiesen complementado las mínimas exigencias para vestir y arropar su cuerpo.

¡Cómo se repetía la historia a escasos cuarenta días del alumbramiento!, ¡cómo vibraría tu cuerpo, cuando al presentarte en el templo pretendiste obtener las ofrendas más valiosas conforme a los criterios de cuantía en los bienes obtenidos! ¡Cómo debiste anhelar ofrendar lo más caro de tu tiempo!, si en esta ofrenda encarnabas el tesoro más preciado que constituía tu hijo.

Sí, "un par de tórtolas o dos pichones" fue la ofrenda que pudiste dedicar a Dios conforme tus posibilidades de dinero. Hubieses querido entregar al sacerdote... un cordero, pero ¡no!, solamente dos tórtolas o dos pichones quizás, *"uno por el pecado y el otro como holocausto" (Lev 5:7)*, para que en tu nombre y en el nombre de tu hijo presidiera el acto de la expiación que seguramente también gozaría del reconocimiento de tu Yahveh. Sí, quizás era lo preferible o recomendado, porque significaba un gasto mayor que en el agradecimiento de los hombres se tenía como de más consideración, y tal vez, más de alguno a tu alrededor en el atrio de aquel templo, te habrá insistido para motivar la compra que, por su precio, le significara más ganancias.

Sin embargo, estos criterios aplaudidos por el mundo en su afán de medir el amor conforme a los intereses que le fuesen favorables, no gozaron de la influencia ni importancia que incidiera en tu ánimo como para tener por disminuida la ofrenda, o menospreciado tu gesto que por su menor valor material condujera al rechazo de tu cariño patentizado en aquella entrega: la consagración de tu pureza y tu hijo como pertenencia absoluta de tu Señor.

Por lo tanto, no tuvo que ser una res menor (cordero) que jamás estuvo a tu alcance, si no que a semejanza de "la ofrenda de la viuda" [99], tú también ofreciste lo que siendo poco en la murmuración de los hombres, era todo y mucho a la vez conforme a la mirada de quien escudriñaba y leía los corazones y, que además, su complacencia no estaba sustentada en el peso material de lo ofrecido, sino más bien en el peso espiritual que respaldaba la ofrenda.

Quién nos lo diría que treinta y tres años después, a Jesús le impresionaría aquel gesto de la viuda, de la mujer sola y sin recursos que despojándose de sus "riquezas" entregaba sus únicas dos monedas en el templo. A lo mejor, sin saberlo, en el subconsciente del hijo de la llena de gracia surgió nostálgicamente el recuerdo, exteriorizando como modelo digno de admiración el gesto de entrega total de aquella mujer creyente, actitud ya presente en su vida, ya encarnada en la vivencia de sus prime-

---

99   *"Y dijo Jesús: "Créanme que esta pobre viuda depositó más que todos ellos. Porque todos dan a Dios de lo que les sobra. En cambio, la pobre dio lo que tenía para vivir" (Lc 21:3-4).*

ros días, cuando su madre entregó también la inmensidad y totalidad de sus pobrezas materiales, para ofrendarlas amorosamente al Padre en el grandioso día de la presentación.

Y en la ausencia de los prejuicios se dio la consagración, ya nada estaba pendiente conforme a lo estipulado en el marco de la fe, de las leyes y aun en el marco de la cultura que regía "el hacer" y el "no hacer" de aquel pueblo profundamente embebido de su religión y su Dios, conocimiento y vida, como filosofía y práctica en el diario suspirar convencido y dependiente de su convicción teocéntrica.

Consagraste a tu hijo, porque era parte medular de la alianza que sellaba la inserción a la vida, existencia temporal y eterna confiada sin reservas en las manos del Padre; y a lo mejor sin saberlo, preparabas el camino que te llevaría por sendas de crueldad en tu recorrido por el mundo. Fue tu obediencia y convicción, las que promovieron la realización de los eventos que conforme a lo anunciado tendrían que materializarse; actitud dependiente de la madre del unigénito de Dios, corazón y sentimientos, que con toda naturalidad aceptaron lo expresado por el ángel, incorporándolo y acariciándolo desde la ternura que les motivaba el Padre.

Por lo tanto, cómo no señalar que el *Hágase en mí según tu palabra (Lc 1:38)* expresado por la madre en el glorioso día de la Anunciación, es el *Hágase tu voluntad (Lc 22:42)* expresado por el Hijo en su misteriosa agonía del monte Getsemaní. Verdad que confirma la unicidad de propósitos en la misión redentora, signo y señal de aquella relación sin mancha que la uniría por siempre con el Padre, con el Hijo y con los hombres.

Abundante felicidad, como la misma vida en abundancia que hacía vibrar tu cuerpo bajo los influjos de la gracia, santidad que alegraba al cielo saturando tu pecho de esperanzas, cobijando tu mente de ilusiones y tomando tu corazón como morada, habitación escogida y constituida en baluarte de las bendiciones y alegrías que recibiría tu pueblo, muchedumbre escogida como receptora de la dicha que se gozaría en la aceptación de la Palabra y del Hijo, felicidad en la obediencia como inicio del proceso de transformación para transitar por el camino hacia el Padre, para poseer la verdad como fuente reveladora de la auténtica experiencia divina, descubriendo la existencia que nos llama y compromete para convertimos en voceros y ejemplo de la presencia del reino.

A partir de ese momento, de la inauguración y consumación de la misma consagración, ya nada será imposible para los hombres y mujeres que atentos permanecerán a la escucha del lenguaje acariciante y silencioso del Espíritu, idioma celestial que proviniendo del Padre... provenía del Hijo, para habitar en los corazones que prefiriendo ser de carne, rechazaran ser de roca.

Un hombre llamado Simeón

> *Había en Jerusalén un hombre llamado*
> *Simeón, que era muy bueno y piadoso*
> *y el Espíritu Santo estaba en él.*
> (Lc 2:25)

Cómo habrá rebosado tu corazón, querido Simeón, cuando tu pecho percibió la cercanía de aquel que sería grande, y que ahora, después de esperarlo tanto, visitaba el mismo templo que tus sandalias gozaban en aquel itinerario de siempre, calendario y lugar que recorrió tu mirada a lo largo de los años... que te fueron marcando el cuerpo, hasta llegar a convertirte en el anciano del pueblo; anciano piadoso y bueno que recogió la escritura como modelo escogido, que presenció aquel momento que muchos profetas quisieron y aún la totalidad de los patriarcas esperaron. Tiempo, bendito tiempo que desapareció en el camino pisoteado por los siglos; tiempo, *benedictus*[100] tiempo, que continuamente regresabas o escondido te quedabas para prolongar aquella espera.

Desde la sencillez y timidez de tu casa, de seguro que el Espíritu te impulsaba para encaminar tus pasos todos los días del mundo, caminata en oración por aquel sendero habitado por la paciencia, por la esperanza siempre nueva de que "quizás" aquel día... sería el día de gracia que bajaría del cielo. Por eso, siempre viviste la experiencia cotidiana de la novedad y la alegría, de la reflexión y la alabanza en aquel recorrido diario que te llevaba al templo.

Tu corazón lo sentía porque tu fe lo dictaba, que tus ojos mortales jamás se oscurecerían sin presenciar la figura de quien vendría a su pueblo para llenarlo de besos. Y a lo mejor, tu rostro de carnes absorbidas y marchitas acaparó las primicias de aquella lluvia de besos que por doquier se prodigarían. No era tu culpa estar entre los llamados, mucho menos ser de los escogidos, seguramente jamás tu corazón y tus labios le dijeron "no" a tu Padre, y por ello fuiste comisionado para recibir en tus brazos el tesoro más preciado que se encomendaba al mundo.

¡Cuánta alegría debió haber guardado tu alma!, cuando humildemente comprobaste que lo prometido por el Espíritu Santo, promesa solemne del cielo, de que tus pulmones continuarían recibiendo el aire que oxigenaría tu cuerpo, de que tus pasos jamás se cansarían mientras tus ojos terriblemente cansados, no reposaran en aquella mirada que como saludo y caricia recorrería tu cuerpo, dándote a conocer de esta manera, la comprensión de la paciencia y el cariño de tu espera.

---

100 Bendito.

¿Qué habrás sentido en ese instante de felicidad suprema?, cuando el Espíritu que habitaba profundamente satisfecho en vos se agitó plenamente de gozo, multiplicando las señales que evidenciaban su presencia y su festejo por el inminente encuentro que marcaría el inicio de tu partida hacia las mansiones de descanso, región de tranquilidad, en donde tus ojos recibirían como bálsamo la contemplación eterna de "lo que siempre ha sido y nunca dejará de ser": *Señor ahora ya puedes dejar que tu servidor muera en paz, como le has dicho. Porque mis ojos han visto a tu Salvador que tú preparaste para presentarlo a todas las naciones. Luz para iluminar a todos los pueblos y gloria de tu pueblo Israel (Lc 2:29-32).*

¡Diosito santo, santo Yahveh!, cómo te habrán penetrado el alma las primeras palabras del canto de petición ofrendado por el elegido Simeón: *Nunc dimittis servum tuum, Domine*[101], que como ofrenda de sangre te invitaba a ejercer tu bendita voluntad en la toma de su cuerpo, en la toma de aquel soplo que viniendo de vos… ¡era la vida!, y que aún se aferraba a no transformarse en polvo palpitando en esa osamenta frágil y sentenciada por la usura del tiempo y de la misma naturaleza, aferramiento que como en todos los cuerpos, tendrá que rendirse al final como una confirmación de que *polvo eres y en polvo te convertirás (Gén 3:19).*

Era el sacrificio más querido que culminaba aquella consagración, era como un mensaje para los días posteriores, en que el hombre iluminado y conducido por su entrega y obediencia, pudiese descubrir que en la solemnidad de aquel evento se vislumbraba la consolidación de los días anunciados: *Él afirma las trancas de tus puertas, y bendice a tus hijos en tu casa. El mantiene*

---

101 Conocido como el cántico de Simeón en el evangelio de San Lucas. *Señor ahora ya puedes dejar que tu servidor muera en paz… (Lc 2:27-32)*

la paz en tus fronteras, te da del mejor trigo en abundancia (Sal 147:13-14).

Una tórtola y un pichón cumplimentaban lo estipulado en la ley mosaica. Nada se podía cuestionar... todo se había hecho. Sin embargo, a diferencia de lo siempre acontecido en la sumatoria de los años, en esta oportunidad tendrá que ser ofrecida al Padre, aunque de manera imperceptible, la vida ejemplar de aquel anciano bueno, de aquel corazón palpitante ante las cosas divinas que únicamente esperaba, acariciando el regalo de ver materializados sus sueños como hijo de Abraham, como hijo del Dios que vive.

Fue presentado el niño ante el altar de su Padre, y con ello, también se presentaba a disposición del cielo la existencia casi extinguida de aquel mortal escogido: una tórtola... un pichón... un hombre de Dios... ¡verdadero israelita!: *¡Aleluya! Alaben a Dios en su santuario, alábenlo en el firmamento de su Gloria... (Sal 150:1).*

Todo estaba por concluir, sin embargo, ¡quién se lo imaginaría!, que a las palabras de Simeón se sumarían las palabras sencillas e imprevistas de aquella pobre mujer de ochenta y cuatro años, cuyo nombre en hebreo antiguo Hannah, y en español Ana[102], hija de Fanuel, que a fuerza de permanecer continuamente orando y ayunando, había envejecido en la búsqueda de una mayor intimidad con su Dios, en la búsqueda de una sonrisa de aquel, que desde antes le había extendido sus brazos para consolar su viudez acaecida después de siete años de matrimonio, para sostener su soledad, para mitigar sus lágrimas y su abandono ante la sensación de frío que el mundo le brindaba. Por eso las puertas del templo le fueron abiertas por

---

102 Profetisa de la tribu de Aser que vivió y sirvió en el templo la
mayor parte de su vida (Lc 2:36-38).

su entrega y por su Dios, y desde entonces... desde joven, se constituyó también en su casa.

Por lo tanto, no era de extrañar que en el momento preciso en que la familia de Nazaret cobijaba sus amores en el templo, apareciese de la manera más normal ante las "casualidades" de la vida y también de manera natural ante la escogencia del cielo, aquella mujer conocida entre su pueblo como Ana la profetisa, cuyos pasos ya presentaban la inseguridad para mantener erguido su cuerpo, sin embargo, de manera lenta pero progresiva fue acercando su figura, como guiada por fuerza extraña hacia aquel pequeño grupo que hasta que estuvo a su lado... reparó en su presencia.

No hubo "violencia" en el ambiente que manoseara la intimidad de aquel encuentro, ni que aún alterara los valores sustentados y gozados en aquel éxtasis que programó la providencia. A la fiesta vivida se sumó la profecía de aquella anciana venerable y agradable al cariño de su Dios, profecía contenida en el torrente de palabras que desbordaron el tiempo y el oído, que pregonaron sus labios en una indetenible alabanza que exaltaba aquel momento las virtudes del evento, y de manera relevante, la misión encarnada en la criatura como evidencia viviente de las profecías anteriores.

El torrente profético quebró los muros del silencio y un sonido de tormenta agrietó los rescoldos pasivos del ambiente ante el resonar de aquella voz que inquietaba las conciencias: "Escuchen todos, por favor, escuchen todos. Hoy ha llegado la salvación a esta casa... a este pueblo, a este mundo. Vengan aquí engendradores de Zaqueos, Epulones, hijos mayores, menores, sanedritas, publicanos, fariseos, leprosos, no leprosos, sanos, enfermos... vengan todos, ¡por favor!, vengan pronto porque el tiempo se ha cumplido y hoy visita nuestro templo, ¡el templo de Jerusalén!, el anunciado desde siempre. Ya no esperen, ya no giman bajo el peso de la duda y de sus faltas, ¡hoy!... precisamente hoy, generación privilegiada, se ha cumplido en tu seno la escritura".

Estas palabras convertidas en gritos de anuncio y de denuncia, posiblemente reflejaron el contenido del mensaje original, mensaje impetuoso que de seguro vertió a los cuatro vientos Ana la profetisa, la hija del recordado Fanuel. Sus ochenta y cuatro años ya vividos, no detuvieron el ardor ni disminuyeron su fortaleza para proclamar con fuerza y autoridad, aquella verdad suprema que el Espíritu Santo le había revelado como primicia y regalo, como invitación muy especial para participar en la fiesta que engalanaba como nunca, el sagrado recinto de la casa del Padre.

La natural lozanía de aquel día solemne se fue perdiendo entre los muros del templo de Jerusalén, orgullosa estructura renovada sobre las ruinas del templo de Salomón. Las criaturas que en el interior vibraban bajo el dominio y posesión plena del Espíritu Santo, fueron cediendo con desgano al llamado natural de marcharse hacia sus casas, regreso obligado en la continuidad de la vida, en su marcha ilusionada hacia regiones buscadas de realización y de sueños.

Las últimas palabras, los últimos abrazos y caricias se fueron prodigando, como si en los mismos se quisiera entregar el alma, se quisiera agradecer los momentos de felicidad que cada quien había aportado para hacer de aquellas horas... horas de intimidad y sentimiento, horas inolvidables de convivencia fraterna bendecida por el cielo, horas de eternidad que juntaron la misión con la profecía como signo inequívoco de su impostergable cumplimiento.

El caminar hacia la salida del templo se fue dando de manera lenta... despaciosa... lenta, en un abrazar continuo de miradas y palabras que preñaban el ambiente, saturación en los corazones, "llenura" en los sentimientos, saturación en el ambiente arropado en la musicalidad afectiva y contagiante que parecía no llegar a extinguirse nunca.

La primera que se había marchado había sido *Hannah* (Ana), la profetisa del reino, quien sin poderse contener de seguro se encontraba en esos instantes exhortando a la población, invitándoles para convertir ese día, en un día de reflexión y discernimiento que les ayudase a descubrir la solemnidad que envolvía al templo.

José, María y Simeón, dirigiéndose a la parte exterior del templo, avanzaban lentamente por la nave central como queriendo eternizar aquel instante y aquel encuentro, cuyo final desde ya, les producía una nostalgia profunda, un "no sé qué" acentuado por la indefinible certeza de que sus rostros y sus vidas, jamás volverían a encontrarse en los caminos del mundo.

Este momento que servía de marco temporal, donde se agotaba la distancia entre el altar que presidía el templo, y el atrio que conformaba la antesala o superficie de acceso para introducirse a la casa del Padre fue la oportunidad preciosa para compartir las confidencias, percepciones o profecía con relación a los hechos que involucrarían más temprano que tarde a la madre del "Dios con nosotros". Para ello, ¡qué mejor portavoz que el anciano Simeón!, para comunicar con profunda autoridad todo aquello que, por las características de la misión, alcanzarían certeramente el corazón de la *llena de gracia: Mira, este niño debe ser causa tanto de caída como de resurrección para la gente de Israel. Será puesto como una señal que muchos rechazarán, y a ti misma una espada te atravesará el alma... (Lc 2:34-35).*

Qué difícil controlar el cruel impacto que aquellas palabras ocasionaron en la humanidad, en los sentimientos, en la comprensión de la muchachita tierna y aún ingenua, muchachita de alma esbelta, de corazón palpitante ante las maravillas presentes, cuya madurez prematura el tiempo presionaba de manera exigente. Torbellino de experiencias inclementes cuyo contenido de gracia y dolor se expandía, se multiplicaba, desbordándose a través de los acontecimientos en cascada que surgían cada vez con mayor exigencia y prisa.

¡Bienaventurada vos, María! Un hombre santo que goza de las primorosidades del Padre, que ha acariciado delicadamente a tu hijo reconociéndolo como el que había de venir en calidad de emisario y encarnación del Verbo, ¡imagínate!, ese mismo personaje que vive en sintonía con el designio salvífico de Dios, te señala la profunda significación e ineludible división que la inserción de tu hijo habría de tener en la vida de su pueblo.

Pero... ¿porqué, porqué, Simeón, tendrías que anticipar semejante premonición?, ¿qué habrás querido decir, Simeón del templo, Simeón de Jerusalén, con esas palabras tan llenas de misterio? Profecía cercana que adelanta el conocimiento y los efectos del dolor que habrá de estremecer aquel corazón de madre, madre dichosa ante el arrullo del *Dios te salve...* que no acierta a comprender en el discernimiento de su lógica, y aun en el silencio de su amor, el por qué ni la magnitud de tan misterioso señalamiento.

¡Una espada atravesará el alma de la amada y favorecida!, ¿qué significa esto?, ¿acaso tu entendimiento debió volar más allá de las fronteras del tiempo y el espacio?, ¿o es que debió pedir permiso para penetrar el alma de la comprensión eterna, más allá, pero mucho más allá de la imaginación, de los sentimientos y el corazón, y aun, de las capacidades de la mente que limitan el continuo recibir e interpretar los "mandatos" cariñosos de los pensamientos divinos?

Cuánta exigencia para aquella niña, para la criatura adolescente que de manera evidente se encuentra separada de la fortaleza que los años brindan. Fortaleza y resignación como fórmula piadosa para mitigar los golpes, crueldades que en el caminar de la vida y por el mundo se van acumulando como trofeos de llanto, como cicatrices y vivencias encarnadas en las duras experiencias que se acumulan y desbordan las fronteras normales de la voluntad y la paciencia.

O... ¿es que acaso el haber sido amada desde siempre impone la condición de soportar el dolor que marcará la vida de aquella reina linda y delicada, preciosidad que mereció los elogios del Padre? Amor incomprensible para la dimensión temporal del entendimiento humano, capacidad limitada que jamás aceptará y más bien se escandalizará ante los horizontes de este amor tan especial, cariño envolvente, expresión generosa como fruto de los sueños eternos, sentimientos divinos que moldearon el itinerario y los senderos por donde tendría que llegar la redención a los hombres.

Fuiste la favorecida para regalar al mundo... el don bajado del cielo. ¡Cuánta significación!, pero a la vez, ¡cuánta diferencia!, ¡cuánta disimilitud o distancia entre el ser favorecido bajo los criterios que nos rigen a los hombres y el ser favorecido bajo los criterios con que te cobija tu Dios! Una espada, así por así, no diría mucho, si esa misma espada no estuviera asociada a una acción tan bochornosa, acción cruel y cobarde que provoca el sufrimiento que tendrá que comprimirte el alma.

Pero... ¿es qué acaso el precio de haber sido encontrada bella, pura y excepcional como para ser escogida entre todas las mujeres de los siglos anteriores, de los siglos del momento y de los siglos posteriores tendrá que ser la elevación a la máxima expresión... del sufrimiento?

Bella escogencia del cielo, incuestionable privilegio, pero dura consecuencia en la escala de valores que del sufrimiento guardamos los humanos. Sin embargo, ¡hasta qué profundidad penetrarían tus miradas!; visión acariciante que emergió de ese mismo corazón fortalecido por la gracia para soportar con entereza. Predisposición reflexiva, que de tu ser natural habrá brotado para tratar de responder a las exigencias del evento.

Bajo estas condiciones de quebranto, qué difícil es asimilar la aceptación de aquella encomienda más allá de la inteligencia, mucho más allá de la voluntad y las conveniencias humanas. Pero... ¡irónicamente! qué fácil es relativizar la profundidad y las consecuencias de cada uno de los hechos que en tu vida se iban sucediendo. Por ello, cada palabra, cada mensaje, cada acción que se incrusta en tu experiencia, lleva el sello incuestionable de la entrega y la renuncia, de la donación que, de tu vida, de tu tiempo y tu "no tiempo" ofrendaste al Creador.

Salutación a María

Qué belleza tendrías en tu rostro,
Que en tus labios se posaron dos amores:
El amor de Jesús, radiante gozo
Y el amor de tu Dios, amante esposo.
Qué belleza tendrías en tu alma,
Que de ella nacieron tres amores:
El amor de la esclava hacia su dueño,
Convirtiendo a ese dueño en su Señor
El amor de la madre, amor al hijo;
Con su entrega, sumisión y su dolor.
Y el amor infinito hacia los hombres
Que intercede y suplica salvación.

(EMILIO)

Capítulo V

En búsqueda del Rey

Recién había concluido la sagrada familia su estancia en la ciudad de Belén de Judá, cuando en la pequeña porción del establo bendecido por la presencia del pesebre, se conmovió la tranquilidad que ociosa y placenteramente descansaba. Quietud nacida en aquel remanso de paz, bostezo de las inquietudes moribundas, como consecuencia del espíritu apacible aportado por los huéspedes que continuaban pernoctando en el lugar.

¡De pronto!, alterando el ambiente de apacibilidad y sosiego, un sonido cada vez más impetuoso, insistente, escandaloso, comenzó a invadir las intimidades del remanso de paz construido por los inquilinos del recinto sagrado, parcela escogida para cobijar la estadía transitoria de la pareja de Nazaret, constituyéndose, desde entonces, como símbolo terreno de la sencillez divina.

Nunca como en ese instante fue tan notoria la diferencia, la alteración manifiesta entre el silencio encadenado por la indiferencia como fruto del estado emocional de los presentes y el bullicio compulsivo-colectivo que manifestaba su espontaneidad y asombro, sorpresa ante la contemplación de las excéntricas figuras que de manera paulatina se acercaban, perfilándose sus prisas y figuras en el fondo colorido que alegraba el horizonte.

Por los tonos y estilos del vestuario parecían visitantes de otras tierras, personajes diferentes con su atuendo llamativo reflejando otras costumbres de culturas más lejanas, culturas escondidas en el más allá de las distancias, pero... mucho más allá de las fronteras donde muere fácilmente el conocer de aquellas gentes, resaltando en evidencias las profundas diferencias que separan los ropajes corrientes de este pueblo. Fue fácil percibir que se orientaban como guiados por impulsos que dictaba con ardor la providencia, y así, precisamente, así de esta manera y no de otra, se acercaban conduciendo entre laberintos difusos a lo lejos... confundidos a lo cerca, laberintos caprichosos y burlones de callejuelas y sendas irregulares.

No se pudo ocultar que, desde el instante de la entrada de los viajeros, en la ciudad de Belén, fueron rehenes seguros de la insistente mirada de curiosos pobladores, que por múltiples razones se desplazaban con malicia en el encuentro improvisado con los peregrinos extranjeros. El encontrarse de manera imprevista habitantes y viajeros conllevó a la adopción mutua de actitudes observantes, recelosos residentes que fueron exteriorizando su curiosidad pueblerina, curiosidad sana y malsana a la vez, que les llevó a perseguir de oficio en su recorrido irregular a los tres cansados jinetes que, haciendo esfuerzos y equilibrios en sus camellos deformes, avanzaban sin inmutarse ante aquella bullanguería, escándalo y desorden, gestos y gritos surgidos del tumulto multiforme, "concentración" de criaturas que maleducadamente se gozaban de su mala educación.

Era hasta obligado observar que las vestimentas normales de viaje, ropajes elementales que cubrían los cuerpos cansados y ennegrecidos por el exceso de tierra y sudor, costra pegada a los cuerpos en aquellos personajes ajenos a las costumbres de la región, delataban la posesión de muchas horas por los caminos, períodos de tiempo apretujados en las semanas, adquiriendo explosividad en los meses que acomodaron en su horario muchos momentos de sol, sofocación y calor que motivaron su inolvidable consagración en la molesta experiencia de una que otra insolación.

Centenares de kilómetros doblegados por la tenacidad y el esfuerzo de la paciencia oriental, tenacidad y esfuerzo enriqueciendo las evidencias, pruebas del recorrido que descansaban en el encuentro: extranjeros y vivientes de aquel pueblo. Pruebas de cargo que confirmaron la autenticidad de los futuros relatos. Narraciones que surgieron mutiladas, breves recuerdos trasmitidos y presentados como fruto fiel de los eventos que conformaron esta audaz travesía. Aventura caminante, decisión "atrevida", marcha constituida en reflexión para las comunidades creyentes, enseñanzas de vida que trasmitieron el ejemplo de la obediencia y el asombro, orientación hacia el cielo habitando en el pesebre, guía infalible como derrotero posible para gozar la experiencia del contenido salvífico, fundamento y razón, fortaleza y animación para sostener el reto que involucra semejante peregrinación.

En la profundización del proceso viajero, la agotadora "aventura" continuó manifestándose en el avanzar decidido de los inclaudicables jinetes, ciudadanos de otras tierras, quienes llegaron al final de la minúscula plaza, de la parcela común, de la superficie hospitalaria para residentes y extranjeros, ubicación geográfica que por ser el centro de reunión y descanso se gozaba de ser el punto más importante del pueblo. Por ello, como una forma natural de quienes llegaban a Belén, los habilidosos jinetes, haciendo gala de probada maestría, detuvieron el nerviosismo y la prisa de sus incansables monturas, aguijoneando la calma que con su sorpresiva presencia alteraba la rutina y la indolencia que caracterizaba a los seres de la mencionada población.

Así como velozmente penetraron, así ágilmente se desprendieron de la tensa posición que ostentaban en los lomos del animal, aflojaron los músculos que perezosamente habían perdido la iniciativa motriz, recorrieron con su mirada... las miradas que entre asombradas y maliciosas les observaban en su continua inquietud, movimientos nerviosos que potenciaban sus ansias por descubrir en aquellos rostros impasibles y curiosos el saludo silencioso de una mirada expresiva y solidaria, tratando de descubrir intenciones al menos, que motivaran y aprisionaran la inteligencia y el alma, almas necesitadas, sentimientos nostálgicos, suspiros en la distancia, en tanto y cuanto se iban alejando del calor que brindan las seguridades y caricias familiares.

En diálogo impersonal y vago tuvo que ser el primer momento del encuentro, lapsus temporal que conoció las primeras frases que brotaron del silencio y la desconfianza que gobernó los instintos, intuición maliciosa anidando en la multitud desconfiada y temerosa.

Parecía que las palabras se apretujaban en su intento por salir de aquellos labios, intento vano, como si no tuvieran otro destino que nacer enmudecidas remontando su silencio en un vuelo desesperado hacia el infinito para exteriorizar sus gritos, para exteriorizar sus ansias ante la desnudez afectiva y de respuesta que pudiera influenciar el ambiente en aquella superficie densamente poblada de curiosos, de "masa" humana que cualificó su indiferencia con expresiones y gestos de vulgar yoquepierdismo.

Sin embargo, los llamados individuales que multiplicaron por tres el acento oriental, y quizás, "hasta setenta veces tres" la insistencia forastera, fue minando la inexpresividad del tumulto, muchedumbre insatisfecha, que debió pesarle como pecado mortal, el aburrimiento y los bostezos de su "despersonalizada" presencia. Y, posiblemente debieron percibirse en algún momento los primeros movimientos coordinados por la voluntad y la palabra, actividad incipiente que permitió reconstruir el ambiente que, obstinado en su silencio, había renegado de las mínimas expresiones que le descubriesen en su característica natural de cobijar seres eminentemente sociales.

¿Tendría razón el polémico y siempre actual Jean-Jacques Rousseau?, cuando después de mil setecientos sesenta y dos años del acontecimiento en Belén, escribiese en su brillante obra *El Emilio, o De la Educación*[103]: *El niño nace bueno, la sociedad lo corrompe.* Entonces... Belén, Belén, pequeña Belén Efrata, ¿habrás corrompido a los tuyos, a los ajenos y a los que inocentemente te visitaron?

En tanto, las siluetas visitantes se hacían sentir con mayor rigor en el ambiente, presencia detectada, que inquietaba y provocaba reacciones que situaban las figuras extranjeras como centro de una escena muy incierta.

Poco a poco, emergiendo del silencio y la quietud, fue creciendo el murmullo y el continuo zigzaguear de miradas y de cuerpos, anatomías multiformes que desordenadamente se interrogaban con sus gestos y miradas como queriendo estar seguros de ellos mismos, de la participación o el silencio o... el consenso que liberase el actuar de la palabra ante la incisiva insistencia de los visitantes, presión en el ambiente que inducía al silencio tímido de los congregados.

---

103 Aborda temas políticos y filosóficos concernientes a la relación del individuo con la sociedad.

Esta actitud penetrante y de insistencia en los amigos orientales fue desmoronando la pasividad colectiva que escogieron desde un inicio los callados residentes. Actitud oriental sin dobleces, decisión sostenida y digna para imprimirle a su viaje los galardones morales de la noble tolerancia. Comprensión y paciencia, sustentación y origen que acompañaría la inexplicable obstinación por acudir a la cita, encuentro y misterio por conducir a un lugar no precisado, no conocido, no encontrado aún en el recorrido interminable que cercenó caminos y distancias. Caminar ansioso y legendario por aferrarse en el seguimiento del lucero, luminosidad desprendida en el firmamento que coquetamente se desplazaba sin ocultar su hermosura, entregando su cristalinidad y elegancia como para ser admirada con devoción y ternura.

Seguimiento "inexplicable" que disimuló el cansancio, que ocultó la duda ante la incertidumbre y el asombro, caminar sin rumbo fijo persiguiendo un tesoro inalcanzable, ¿una ilusión, un sueño, una locura?, por encontrarse de pronto en el seguimiento de aquella estrella traviesa que burlona jugueteaba y del firmamento se adueñaba para ostentar su belleza, para irradiar su mensaje, para invitar a aquel viaje... ¡tan lejano!, ¡tan lejano!, que incomprensible se hacía el seguimiento emprendido, ¿alucinación o mentira?, juego infantil... ¿acaso?, para correr sin descanso en pos de la linda estrella que, por travesura del cielo, con sus luces les llamaba.

Fue de día y fue de noche que los llevó simultáneamente a los tres por aquel camino incierto, por aquel camino vago que, en la prolongación de su cuerpo, cuerpo de tierra y de barro, les fue llevando por los montes de Judea hacia Belén. Conducción enmudecida por los siglos de los siglos, destino sin cambio, destino final materializado en la plaza donde se encontraban hoy... observando, recorriendo con mirada interrogante y preocupada a aquel grupo de gentes amontonadas, gente sin importancia en el quehacer de los hechos, como queriendo gritarles: ¡habitantes de Belén! ¿Es por ventura y dicha para nuestros cuerpos adoloridos y nuestros sueños más queridos, poder considerar a Belén el final de la travesía?

Sin embargo, este pensamiento durmió escondiéndose en el olvido, para dar paso con entonación grave y ansiosa del más joven visitante a esa misma inquietud que, naciendo del corazón, desbordaba los pensamientos: "Señores, ya nos dijeron allá en el campo el nombre de este lugar, ¡por favor!, abran sus ojos y miren allá en el cielo, descubran aquella estrella como señal de verdad, señal que nos ha traído para adorar al Mesías que ha nacido en su ciudad".

Breve fragmento de frase y de tiempo, escucha fugaz de la multitud, tímido resonar del timbre de aquella voz, para luego guardar silencio como para recuperar el aliento. Sin embargo, ante la brevedad de la pregunta extranjera, solo cabe interpretar el ambiente: discerniendo, elucubrando, preguntando, ¿por qué la ansiedad contenida en la voz y en el pecho visitante tuvo que callar de repente?, ¿sería acaso... por miedo o respeto a la timidez de la gente?, o, ¿cómo dando paso a la expresión que cordializara el encuentro?

Mas nuevamente no hubo respuesta, solo el silencio convertido en pasividad, incredulidad y asombro ante tal afirmación: una estrella que guía, un Mesías que viene, ¡cómo creer semejante cosa!, que más que cosa... ¡locura es!, pero... como dejar de creer ante aquella estrella que realmente en el firmamento está, como ignorar la presencia de tan radiante y blanco lucero que más que locura... ¡certeza es!

Si con su fijeza allá en lo alto, en el fondo alegre oscuro tan lejano, cual prendedor de piedra fina adornando la majestuosidad del firmamento, pareciera confiarle al mundo con sus luces y figura, que con su presencia y belleza certifica la inquietud y las palabras que dirigen los viajeros, recorrido emprendido desde lejos, que buscando ansiosamente el pesebre de "un Mesías" han llegado hasta estas tierras con solemne expectación, con profunda reverencia y anhelado espíritu de adoración.

Posterior a este momento de profunda reflexión, el silencio bostezó su aburrimiento y su pereza hasta "calar los huesos de los hombres y las cosas", nadie supo responder ni orientar, ni sonreír ante las preguntas que sedientas de horizontes... ya encontrados, continuaban incrustadas en el éter clandestino que invisible a las miradas se escondía en el espacio.

La falta de voluntad y entendimiento cerró la inteligencia, dificultó la apertura del corazón que a lo mejor hubiese podido abrazar la presencia extranjera en la plaza belemita. Comprensión y discernimiento, sentimientos que hubiesen descubierto la actualización de lo dicho por profetas en otros tiempos y lugares, voces sonoras de alertas y profecías como señal y evidencia que los tiempos se cumplían.

¡Grupúsculo ignorante!, ¡tumulto irresponsable! Que, por vivir ajeno a los signos de los tiempos, condenaron con su aburrimiento y "poca vida" la solemnidad y gratuidad de aquel evento. ¡Cuánto perdieron ustedes!, y ¡cuánto lamentaron sus hijos y los hijos de sus hijos!, no alcanzaron sus ojos a ver ni sus oídos alcanzaron a escuchar la melodía de la luz que engalanada danzaba en tus propios cielos desprendiéndose de aquella estrella que inocente en su esplendor... se mostraba ante tus ojos.

¡Tartamudeaste hasta enmudecer cobarde populacho!, y para colmo, te lanzaste en contra de los signos que te hubieran dado vida; ¡cómo te despreciaste!... despreciando las palabras que como mensaje de vida se te lanzaban al viento. Condición de indiferencia, de abandono en el olvido del futuro que moría en tus adentros, voluntad y entereza encarceladas, flageladas sin remedio por la desmotivación personal y religiosa que se acumulaba como costra en los ambientes y estructuras de tu tiempo. Y sinvergüenzamente te fuiste alejando del horario y del espacio que la generosidad divina te había regalado, no supiste ser agradecido porque no supiste descubrir la gracia que amorosamente se posaba en tu terruño; ¡te anquilosaste, hijo de serpiente milenaria!, ¡hijo del pecado, que añoraste el Edén para llamar a tu madre...! Eva, sin descubrir que tu verdadera madre te susurraba al oído... "ven".

Y mediocremente te fuiste retirando, con tu rostro de generación entristecida, rostro de perdición reflejando una terrible frustración, posiblemente ya no tendrías una segunda ocasión para penetrar al mundo, a la nueva tierra de los hacedores de la historia, bendita historia de la eterna salvación.

Y hasta la cruel tristeza se ensañó en el semblante y el corazón de los indoblegables viajeros, extranjeros generosos quienes profundamente dolidos, observaban la espalda tambaleante de aquel grupo belemita; colectivo necesitado, que sin saberlo moría en la propia puerta que la inmortalidad les brindaba. ¡Nada se había hecho!, o al menos así lo parecía, la incertidumbre aún reinaba arropando el vacío, la búsqueda continuaba para encontrar el camino, destino ante el pesebre, objetivo y final refrendado ante el Mesías que cortaría, ¡por fin!, el camino de aquel viaje interminable.

Todos se habían marchado, como arrepentidos por haber salido al encuentro de aquel indescifrable misterio, ¡cómo habían perdido su tiempo escuchando aquellas cosas que sus corazones y sus mentes jamás comprenderían!; ¿un Mesías ha nacido? ... ¿cómo es eso que en Belén...?, ¿qué locuras nos han dicho?, y... ¡qué importa!, ¿quién es él? ¡Bah!, cuánta locura produce el desierto, cuánta vagancia produce el viajar, pobrecitos los viajantes... allá ellos, ¿qué más da?

Minúsculas nubes recorriendo el firmamento, fuertes destellos del sol calentando aquel ambiente, puertas y ventanas abiertas, pájaros y arbustos merodeando en el desierto. Solo el viento, el tiempo y los pensamientos... agitando su presencia.

Como estación y descanso sirvió aquel breve remanso de soledad y silencio; observación en las alturas, observación en la tierra, breves impulsos celestes acariciando los montes, penetrando las conciencias para gritar a los hombres, para animar a los pueblos, para anidar en el pecho de aquellos tres extranjeros. Mientras tanto, una voz escondida desde el inicio del mundo se reveló en el oído de cada ilustre viajero: ¡adelante, buenos hombres!, no desmayen, no se turben, busquen cobijo en mis campos que mañana ya veremos, a lo mejor vendrán a buscarles los santos y querubines, los arcángeles y herederos de la nueva Jerusalén.

Como la tarde expiraba con su presagio de olvido, de soledad y vacío, poco a poco comprendieron que era mejor el descanso, la reflexión y el silencio para renovar las fuerzas que mañana se usarían. Era preciso ordenar los esfuerzos y las ideas para continuar mañana y las mañanas que faltaran, acometiendo aquella gran jornada que a pesar de los pesares... nada más se prolongaba.

Quietud y olvido, abandono y somnolencia; breve descanso a los cuerpos, breve descanso a los sueños. Por allá se esconde el cielo protegido en la negrura, por acá se esconde el hombre rechazando la cordura.

Breve tropiezo en la búsqueda del Rey

En el nuevo amanecer, un incipiente día se asoma por las fronteras del mundo, despertando seres vivos con su fulgor y esperanzas, para construir nueva vida continuando lo emprendido, para gozar la cosecha de la semilla sembrada, semilla de nuevos cantos por los campos y ciudades.

En tanto los peregrinos fueron desperezando sus cuerpos, desmontando aquellas tiendas que cobijaban sus sueños, recogieron utillajes, se acomodaron sin prisa aquel vestuario ligero, las sandalias se calzaron y predispusieron el viaje.

Todo se estructuraba en la repetición resignada de un nuevo día viajando, todo parecía igual en el seguimiento de aquel llamado que no encontraba reposo. Pero, ¡vaya motivación!, de pronto surgió el recuerdo de la fiel acompañante que, desde su posición dominante en el claro firmamento, había servido de guía, como si su materia inerte expresara así la vida que la impulsaba a viajar con los hombres compartiendo su destino.

Pero... ¡insólito asombro!, ¿qué sucedió con la estrella que en el cielo ya no estaba? o ¿es que acaso se ha marchado, olvidando que aún faltaba alcanzar lo más ansiado: el Mesías adorado? ¡Vasto silencio y vacío en la bóveda celeste...!

Los personajes descritos, forasteros escogidos para contribuir a forjar la nueva historia, viajeros de cuyos nombres aún se guarda silencio a esta altura del escrito... fueron tensando sus cuerpos, acomodándose en sus camellos, predisponiendo sus mentes para emprender el camino hacia regiones buscadas por su envidiable destino.

Ante los enviados de Herodes

Mientras tanto, orgullosos cabalgantes personajes importantes con atuendos de la corte, en tanto que otros, con uniformes militares que ostentaban las insignias de la tan temida guardia que servía al rey Herodes... ¡todos ellos desafiantes!, se acercaban con mirada inquisidora, con el rostro como de piedra, hasta llegar a la orilla de aquellos tres extranjeros que, impasibles les miraban sin importarles el gesto de señores enojados.

Aún bajo los efectos de la inquietud que produce aquel galope tendido de los nuevos visitantes, un personaje quizás relevante para el señor a quien sirve por su uniforme marcial con emblemas de alto oficial, se encaró a los peregrinos de la estrella... tan de cerca y tan altivo, que pareció querer regañarles o quizás amedrentarles. Dirigió su voz y mirada interrogando al instante, obligando más que invitando para que los tres extranjeros emprendieran cuanto antes las acciones ordenadas bajo un lenguaje insinuado.

El diálogo que venía, que ya estaba tomando forma entre el portavoz u oficial de mayor rango en aquella comitiva de rígido porte, y el extranjero visitante que asumió de manera eventual en nombre de sus amigos, responder ante aquel señor que de manera soberbia se dirigía a los tres.

- Oficial: ¿Acaso serán ustedes los forasteros que han venido preguntando por un niño que ha nacido en nuestras tierras?

- Extranjero: Perdonad, mi señor, pero antes mejor decidnos: ¿quiénes sois vosotros que, con tanta autoridad y enojo, os habéis acercado a nosotros preguntando, por no decir ordenando, lo que es problema de vosotros?

- Oficial: Cómo se nota que sois extranjeros, que no respetáis el mando que por boca de sus guardias os envía Herodes el Grande[104], pues tenedlo por muy cierto que quien os habla es mensajero directo del gran señor de estas tierras, inteligencia y poder que gobierna con prudencia y excepcional gentileza y que, por tanto, os envía sus respetos más profundos y os ruega humildemente que acudáis a su palacio en Jerusalén para charlar con vosotros y compartir sus afanes con relación a ese niño...

- Extranjero: ¡Ah!... ¿con que ese es el motivo de vuestra prisa y visita?, pues entonces... regresad tranquilos que muy pronto llegaremos; decid a vuestro señor que con gusto a su llamado acudiremos.

---

104 Rey de Judea nombrado en el año 37 a.C. por el Senado Romano. Reconstruyó el templo y un teatro, un anfiteatro en Jerusalén y las fortalezas de Masada y Herodión.

Así como habían llegado, así también regresaron los disciplinados jinetes. Muy pronto en la distancia se fue esfumando la imagen y, en aquel punto de la plaza, solo fue quedando el recuerdo de aquella entrevista inconclusa.

Poco a poco, la calma fue recobrando su pulso y la reflexión extranjera generando criterios con relación al trasfondo de aquel diálogo imprevisto. ¿Cómo se daría cuenta Herodes de estos tres peregrinos que penetrando en sus tierras andan buscando al niño? Tantas ideas y suspicacias para encontrar la respuesta de aquel misterio encontrado, inexplicable actitud y gestos de los enviados con su porte y entonación prepotente, y además... ¿el sentido de haber sido interrogados?

Bien, mientras la providencia asume la veracidad de lo dicho, los peregrinos animosos buscan de nuevo la ruta, entre preguntas a transeúntes que a esa hora deambulan por las calles del poblado, van descifrando el camino que deberán de vencer para alcanzar su destino en aquella cita, cita que tanto más que misteriosa, maliciosa se presenta, por no tener relación ni cabida con la prudencia del cielo expresada en una estrella que con su luz les orienta.

Solidariamente juntos avanzaron en silencio, recordando y repasando "dato a dato"... mentalmente, cada detalle ocurrido en los últimos momentos; casi sin darse cuenta y con extraordinaria sorpresa, se encontraron muy de pronto ante la vista y contemplación de la lujosa residencia del tetrarca palestino Herodes El Grande.

Se acercaron lentamente, hasta llegar a cubrir la distancia que separaba sus cuerpos de aquel palacio imponente. De manera muy atenta y educada, expusieron el motivo de la visita a la guardia que custodiaba la puerta. Luego de las preguntas, consultas a superiores y observaciones de rutina por parte de los vigilantes de aquel palacio y a su vez fortaleza importante, fueron por fin conducidos a la presencia de quien con mal disimulada impaciencia les esperaba.

Un edecán o ayudante, situado bajo el dintel de la puerta interior del gran salón del palacio, les anunció sin demora:

- Edecán: han venido los tres viajeros que su alteza está esperando
- Herodes: sí, hacedlos pasar sin demora; de inmediato a mis queridos invitados

De manera simultánea avanzaron los amigos, entre mirando asombrados aquel salón majestuoso que orgulloso se brindaba a las miradas ajenas. A pesar de aquella hora antojadiza y temprana, muchos amigos de Herodes lo acompañaban compartiendo su ociosidad cotidiana, celebrando ostentosamente cualquier cosa que "inteligentemente" surgiera de la mente inculta y grosera del dirigente adiposo, dirigente prefabricado para servir a los intereses del estandarte imperial representado por el águila romana.

La llamativa llegada de los viajeros lejanos y su avanzar cauteloso por las brillantes baldosas que ocupaban el "mero" centro de aquel salón fastuoso, el caminar enmudecido por entre aquellas dos filas de curiosos expectantes, se fue dando en el impresionante silencio, en el mirar atrevido de aquel grupo "sin oficio".

La voz del tetrarca resonó en el recinto, iniciando lo que sería después, un informal encuentro de preguntas y respuestas:

- Herodes: ¿quiénes sois por ventura mis queridos forasteros?

- Extranjero: pues mira señor, nuestros nombres son Gaspar, Baltazar y yo, Melchor, que venimos de muy lejos como vos podéis comprobar: África, Persia y Arabia lo pueden certificar.

- Herodes: ¡ah!, con que venís de muy lejos, ¿qué tan importante es semejante peregrinar? De un niño he escuchado que tenéis mucho interés de saber dónde ha nacido... ¿acaso pariente es?

- Extranjero: pues la verdad mi señor, no sabríamos responder, un impulso hemos sentido que nos hizo emprender esta larga caminata sin saber qué nos pasó, muchas veces hemos querido discernir por qué fue así, la respuesta no encontramos solo anhelos por llegar, a postramos en el sitio que nos jala fuerte acá.

- Herodes: ¡Ajá! qué interesante es lo que acabáis de decir, si ese niño os ha traído con prodigioso poder, pues mirad que estoy ansioso por conocerle también, adorarle si es preciso como grande que ha de ser. Vayan pues cuanto antes a encontrarle donde esté, y... comunicadme de inmediato para acudir yo también. ¡No lo olvidéis, inteligentes extranjeros!... avisadme por favor, avisadme; y si os agradan recompensas, pues... ¡jugosas las tendréis!

Luego del aparente diálogo cordial, un silencio sepulcral bañó el recinto, estructura de piedra y complicidad, que culpable también escondía el eco de aquel diálogo cargado de insinceras intenciones, de mal disimuladas traiciones y palabras que escondían una tormenta de oscuridad y de sangre. Era terriblemente evidente, el interés malicioso y enfermizo que el gobernante corrupto pretendía demostrar hacia el anónimo niño que maltrataba su sueño, odio enfermizo, obsesión de revancha y ambición como fruto de las artes hechiceras que vomitaban su enojo, su impotencia y delirio por el mal, destrucción visceral carcomiendo cada palabra que los agoreros o adivinos de aquella empobrecida provincia, le habían comunicado: un niño vendría al mundo con el linaje de rey, para gobernar entre su pueblo en un reinado sin fin.

De manera indefinible, "un no sé qué" misterioso se incrustó agudamente en el corazón de los viajeros, descomponiendo sus rostros y gestos en inquietantes expresiones de dolor e incertidumbre, sentimientos de temor y de llanto como fruto de la iniquidad y vocación de muerte que preñaba el ambiente. Triste presagio ¡al fin!, de la terrible tormenta de traición y de sangre que muy pronto empaparía el pasado, el presente y el futuro de los hombres de mala levadura.

Gobernados por la prisa y el impulso, por alejarse cuanto antes de aquella sombra opresora y nefasta, sombra de perdición alimentada en el luto que se agitaba impaciente en aquel corazón malvado; cansados pero resueltamente encaminaron sus pasos hacia la salida salvadora de aquel tugurio opulento, jaula de cristal y oro que con sus tesoros y apariencias, cobijaba las pasiones y vergüenzas más rastreras; bacanales del cuerpo y la sinrazón que apolillaban el alma y el corazón de los "herodianos" presentes.

Luego de agotar la distancia, breve y fatal, entre el sombrío interior y el exterior opresivo de aquella ergástula[105], maquillada como palacio y morada de un rey; menos mal que... ¡por fin!, un aire nuevo y reconfortante invadió alegremente las membranas pulmonares de aquel trío de viajeros impacientes, viajeros en seguimiento de una luz anunciada en el Oriente, quienes ante la dura experiencia que ya marcaba sus vidas desbordaron de alegría ante la sola presencia de la desnuda naturaleza extendida ante sus ojos, caminos polvorientos bordeados de peñascos y de arbustos moribundos aferrados a la vida; suelos quebrados exhibiendo su desnudez y tristeza de tierra abandonada, tierra de negación y de afrenta marginada en su soledad y lejanía de donde el progreso se abraza con pasión y deleite; tierra sin redención y esperanza como fruto de su pobreza y apariencia disminuida.

Enojo y castigo del sol encolerizado, castigando a las criaturas que, obligadas y presurosas, salían de sus escondites de sombra para tratar de cumplir la misión que la subsistencia mandaba: búsqueda de alimentos y agua; árboles mutilados por el filo de

---

105 Tipo de prisión que existía en la Antigua Roma. Aquí eran
    encerrados los esclavos que caían en desgracia ante sus amos.

metales, por la sed y por el hambre que atormentaba sus días; gritos de sequedad que pregonaban al viento su desgracia ante la vida. Y así, día tras día... así, ante la "mirada" y contemplación de las múltiples presencias naturales del desierto, habitantes pernoctando y muriendo, evidencia vegetal y de vida que con sus ropajes de resignación y de lucha alegraban la mirada de los amigos de la inmensidad celeste, seres vivos e inertes conformando la creación, expresión de heroísmo cotidiano en el desierto.

Poco a poco, en sus cabalgaduras cansadas fueron acortando el camino que aún les separaba de su desconocido destino; el atardecer como fiel amigo acogió en su manto de paz y descanso los destellos bailarines que se fugaban traviesos, luminosidad de los rayos misteriosos, reflejos de eternidad y misión que venían de la estrella, lucero enamorado de Dios que, con su luz festejante, orientó los senderos que obedientes transitaron los hijos que escogió la providencia.

Ante la presencia del Rey

Y, ¡de pronto!, se dibuja la sorpresa en los rostros extranjeros, cuando al final de aquel pueblo situado entre montañas que los profetas y los poetas llamaron pequeña Belén Efrata, cuando aquella luz resplandeciente de colores y de vida que les venía acompañando desde el inicio del viaje pareció emprender una danza atrayente con sus vaivenes fogosos y a la vez insinuantes como invitando a un festejo.

La estrella acompañante "de aquella extraña aventura", pareció detenerse en el tiempo, descansando en el espacio exhibiendo con orgullo su ropaje de matices, y poco a poco en silencio, bajo el silencio del universo, posó su tonalidad etérea para entregar su alegría, para habitar orgullosa con su fiesta de arcoíris en aquel establo humilde que parecía una broma.

Los jinetes del Oriente profundamente asombrados detuvieron sus monturas, recreándose en sus miradas y sus pasos silenciosos, fueron con gran sigilo caminando hacia el encuentro de aquel lugar señalado por la luz y la obediencia, por los más bellos sentimientos que albergaban en sus pechos.

Uno, dos, tres, cinco, doce pasos, ¿cuántos serían?, minúsculo caminar con rumbo fijo para agotar la distancia, para desbordar la frontera que marcaba el comienzo de aquel pedacito de patio convertido en el área del establo, recorrido obligado para alcanzar el dintel del portón abierto, espacio libre y vacío que demarcaba el acceso hacia el interior del recinto.

¡Qué impresionante debió ser el irrumpir de los viajeros!, el penetrar respetuoso en la estancia que apartada en el campo privilegiaba el silencio, enmudecimiento feliz, actitud callada de reflexión, observación y contemplación hacia el portento del Padre, experiencia de eternidad habitando en el establo y recreándose en las criaturas convertidas en el padre y la madre de aquel niño, criatura inocente, pero Señor desde ya y desde siempre de los cielos y la tierra.

Tres exclamaciones de asombro extranjero se habrán convertido en expresión sonora, admiración y alegría como primicia y señal que el Espíritu les movía y con ellos compartía aquella explosión de fiesta; celebración del paraíso en la tierra que sus pechos inundaba y en sus rostros expresaba el milagro de la dicha.

¡Ah, María, María del universo!, que en tu silencio y ternura obsequiaste la más cordial bienvenida a los invitados del Padre; tres viajeros, tres amigos recibidos con tu sonrisa transparente e ingenua como jardín escondido en tu belleza de niña; ¡cuántos habrán querido verte! y ¡cuántos habrán llorado tu ausencia sin siquiera percibirte!

Santa señora de los desamparados, de los santos y de la iglesia, que has embelesado al mundo bajo aquel manto de madre contemplando tu cariño, observándose a sí misma en aquel fruto del cielo que indefenso ante los hombres se apretaba a tu corpiño como queriendo decirte: mujer bella, mujer linda, madre mía, pedacito de mi Padre, desde ahora te bendigo como fuente de mi vida, como refugio en el mundo de los pequeños y grandes que reposando en el llanto te dirigen su mirada.

Sabio presentimiento contenido en el instante que traducía el abrazo entre la madre y el hijo, del hijo para su madre, construyendo desde ahora aquel Gólgota[106] "festivo", calvario iniciado en este día, y en aquel rincón remoto como preparación o preludio de la misión redentora.

Si el misterio de Belén hecho silencio no ha querido revelarse plenamente para descubrir sus carnes, para ofrecer la materialidad y ocurrencia que pincelaron los hechos, habrá que esforzarse más allá de lo tangible, de la lógica y la ciencia para reconstruir entonces, con las voces de los santos, ese trozo de los hechos desprendidos a escondidas de la gran historia que han construido los amores de los hombres, para recoger las caricias que indudablemente palpitaron tan calladas y amorosas, o quizás, extremadamente prudentes ante la incredulidad enfermiza de los pueblos.

¡Vaya omisión!, que redujeron a su mínima expresión los relatos de los grandes escritores, síntesis, resumen o abreviatura de todo lo acontecido y que nos dejaron como regalo una admirable expresión como soporte central de aquella visita santa: *Se postraron para adorarlo y, abriendo sus cofres, le ofrecieron regalos: oro, incienso y mirra (Mt 2:11).*

Imagínate, pequeña niña... María de Yahveh: oro, incienso y mirra, como ofrenda muy querida para celebrar desde la cuna la venida de tu hijo, hijo pobre arrimado en un establo; con

---

106 Gólgota o calvario, situado fuera de las murallas de Jerusalén y donde tuvo lugar la crucifixión de Jesús (Mt 27:33; Mc 15:22; Lc 23:33; Jn 19:17-18).

su figura bañada de aquella luz resplandeciente, luminosidad jubilosa que a escondidas y graciosas se filtraban cual cascada por las rendijas curiosas, aberturas orgullosas en la admiración de aquel niño. Rendijas en las paredes, aberturas en el techo, roturas en la ropa que ensancharon sus espacios para facilitar el ingreso de las criaturas: *hermano viento, hermana luz, hermana sombra, hermano sonido y hermano silencio*[107].

Abandono, misterio y contemplación en aquella profundidad del mundo que desplegó sus miserias como estandartes de lujo, como caricias sublimes que expresaron su presencia bajo la imagen desnuda de artificios deslumbrantes.

En el transcurrir del tiempo consagrado a aquel encuentro, ingresaron los viajeros con profunda reverencia, caminando, o quizás casi flotando en el espacio bendito que conformaba el establo, "imponencia estructural" de ripio, material y grandeza del templo de la gracia, arrimado en aquel tiempo que moribundo expiraba, dando un espacio a la vida para inmortalizar su memoria.

En la medida que el tiempo se extendía, los viajeros afinaban sus sentidos a las condiciones internas del establo, cada vez fueron más ciertos y evidentes los rostros de aquellos seres que de manera eventual habitaban el establo. Las sombras del ambiente fueron cediendo en su oscura pena, permitiendo con desgano el paso clarificante que posibilitaba el mirarse de frente la curiosidad y la calma, la naturalidad y el asombro, que se abrazaron fraternos en el encuentro imprevisto que solo la providencia entendía.

Fue el acercamiento entre culturas tan distantes, formas de ser diferentes que abandonaron espacios, creencias e identidades para incorporarse a una sola historia, esfuerzos de redención

---

107 Parafraseando a San Francisco de Asís "Los motivos del lobo"
Rubén Darío.

que juntarían a los hombres en una sólida esperanza: África, Persia y Arabia como heraldos o mensajeros de la gran familia humana, multiplicidad de pueblos que no experimentaron su alegría castigando su existencia ante la realidad de su ausencia en aquel banquete del cielo. Pueblos de rostros curtidos por el cansancio y la tristeza, por el agotamiento milenario que enmudecía el espíritu obstaculizando la fidelidad y la búsqueda que se antojaba lejana y quizás hasta vacía.

Era el momento de la providencia, de la misericordia para con los pueblos que venían recorriendo un largo sendero en el tiempo; pueblos gentiles o paganos, pero también comunidades creyentes mutiladas por la sinrazón del peregrinar con sus manos y sus pies encadenados a los criterios y mandatos del mundo, poblaciones enteras que continuaban esbozando una sonrisa "graciosa" que invitaba a la compasión, a condolerse más bien por la irrealización de los sueños contemplados por los hombres.

Fue en la entrada en el establo, donde también se filtraron los desiertos que partían la conciencia y desangraban el alma de los pueblos ausentes, muchedumbres de otras tierras, conjuntos de siluetas humanas que practicaron con esmero la tristeza extinguiéndose en silencio, enmudecimiento a perpetuidad bajo la complicidad de los siglos, acumulación de los años ya borrados del recuerdo, huellas sin caminante que callaron su protesta ante la indiferencia de su mismo tiempo, vacío de redención, anhelos de esperanza ante la desesperanza por las culpas y torpeza de los hombres.

Fue en la transitoriedad o quizás, en la estadía prolongada en el establo que se incorporaron a la ofrenda los amores expresados en el encuentro motivado por el cielo; caricias del corazón que enriquecieron el oro depositado a los pies del niño en el pesebre, sentimientos que vivificaron los aromas del incienso, suave perfume que inundaba el ambiente remontándose a las alturas para llevar orgullosamente la alegría de la ofrenda. Y, por último, el presente de la mirra, como caricia de los pueblos y genuflexión de honor al Rey de reyes.

Mientras tanto, María observaba con agradecimiento y cariño aquella noble presencia extranjera, sus pupilas reflejaban el encendido gozo que desbordaba la normalidad de las expresiones y hasta la normalidad de los sentimientos que surgían de los más puros corazones. El recibimiento dado a los visitantes, debió haber superado el nivel de los saludos corrientes y aun el entusiasmo natural que producen las visitas agradables, ¡aquello debió ser la experiencia del corazón que danzaba de alegría!

Considerando la distancia normal que conformó la travesía y cuyo destino incuestionable era la presencia y postración ante la criatura de María, era indudable que el calor de los afanes y el morir de las distancias presentaban su cansancio como ofrenda tan querida, tributo de admiración sublime dedicado a aquel niño buscado con ansiedad desde las tierras lejanas.

¡Cuánta satisfacción!, ¡cuánta realización!, experimentada como gozo en el alma de María, en la figura disminuida y venerable del anciano sencillo y reposado, carpintero de las mansiones celestes, José de Nazaret, hombre de cabellera blanca, de reciedumbre y virtudes apreciadas como buenas, y quien, desde un rincón apartado, y por lo tanto inadvertido, presenciaba agradecido y feliz las delicadas expresiones, las finas atenciones y respetos para con el hijo santo de María.

En fin, era la vivencia de una participación comunitaria que envolvía en el tiempo y el espacio a humanos de distinta procedencia, habitantes con lenguaje y costumbres evidentemente no comunes, criaturas diferentes en la tierra, pero iguales en la dependencia hacia los cielos, seres especiales y llamados con sus nombres para encontrarse en el mismo instante donde inicia la presencia del que "habría de venir" hacia los hombres;

peregrinar errante de aquellos extranjeros que les llevó irreme-
diablemente por tierras sometidas a intereses diferentes. Era
en consecuencia, el privilegio de gozar y vivir aquel momento
sublime, de estar juntos como nunca en el caminar terreno que
la vida les marcaba.

Capítulo VI

Preparación
del camino
que conduce
a la misión

Filosofando sobre el tiempo y las cosas

*T*ranscurrían los días como suspiros nostálgicos, aferrados a un presente continuamente en movimiento hacia la prolongación de su propio tiempo; obsesión motivada en el evidente esfuerzo por ignorar y contrarrestar el proceso natural de envejecimiento de las mismas cosas que, siendo tan queridas hoy, se resisten a medrar en el pasado como un simple recuerdo cada vez más extinguido, o en su equivalente cada vez menos sentido.

Sin embargo, el viento continuó silbando su letanía en el tiempo, recorriendo las distancias como vigía al acecho... siempre alerta y a la vez indiferente, rutinario pero increíblemente atento ante las cosas de siempre: cosas nuevas, cosas viejas que avergonzadas quieren ocultarse ante su inevitable presencia, vano intento al pretender disimular su disminuida apariencia.

Nada pudo detener el morir inexorable de los días, cuyo continuo desfilar hacia el pasado fue marcando sus cuerpos temporales de cicatrices y señales indelebles, recuerdos escondidos en la interrogante olvidadiza de los siglos, eventos balbuceantes que hablaron temerosos de los múltiples sucesos que certificaban la validez de esta historia, breves retazos del quehacer de "aquella" gente, pequeños fragmentos de sus vidas que se cobijaron pobremente en la fragilidad de los hechos "no rentables", minúsculos trocitos del querer y conocer de aquellos tiempos que en su humildad y silencio ante los hombres, fueron cobijados por el abandono que conduce a la marginación y el olvido. Triste consecuencia y realidad desnudada ante el flagelo de la indiferencia, incertidumbre y frío, observación y espera ante la algarabía displicente de los hombres.

Todo pasa

Tiempo... indefenso tiempo,
condenado sin culpa a envejecer eternamente
para evitar el pecado de hospedar en tu vientre
y para siempre,
la vivencia rutinaria
que ensoberbecida reniegue de su muerte.

(Emilio)

Contenido del tiempo que marcó los primeros doce años

Desaparecieron los pastores en la "insignificancia" de sus campos de trabajo, se marcharon los jinetes extranjeros hacia las regiones ignoradas o borrosas, tierras del recuerdo que marcaron desde lejos el inicio de su viaje conservando hasta el final el misterio de sus gentes. Marcha obligada sin regresar donde Herodes a dar cuenta del niño, decidiendo en la voluntad de los viajeros para reemprender el inicio de una vida ya forjada en otros lados, recomenzar que deberá abrazar las ocupaciones y los sueños ya emprendidos; ¡en fin!, regreso al vacío de sus pueblos y, con ello, la ausencia sin retorno en el continuar descriptivo de la historia.

¡Se quedó Belén a lo lejos!, escondida su figura y manoseado hasta su nombre, por la cólera del tiempo que antojadizo le restó relevancia a su figura. La indiferencia de su gente quedó para siempre enmudecida de vergüenza, por haberse negado a tomar parte en el brindis de alabanzas que oportunamente mereció la providencia. Se quedó encarcelada la grandeza simiesca de los hombres, hombrecitos de barro y de cartón que, sin pena y sin rubor, habían venido pregonando su dominio absoluto ante los tiempos como don indiscutible de sus mandos.

Hasta el cielo retiró la cadena de sucesos que, naciendo en el pesebre, se ocultaron con tristeza en los rincones ignorados de la historia. Todo en el firmamento adquirió una nueva dimensión de recogimiento, de atención y escucha, de participación solemne en el primer "retiro de reflexión" que sin duda convocaron las criaturas celestiales; retiro de interiorización y discernimiento, para tratar de encontrar los criterios y la razón que movían la sinrazón del discernimiento equivocado de los hombres.

Y así, entre la observación de lo inmutable y los consabidos quehaceres que ocupaban impacientes la dedicación de los habitantes de este mundo, fueron transcurriendo los primeros años que, entre bostezo y bostezo, acumularon los frutos de su pereza en una final sumatoria de doce años. Cuatro mil trescientos ochenta días con sus noches, que descansaron su ignorancia en el "desconocimiento" de lo sucedido en ellos, como queriendo esconderse del acontecer que cautelosamente se daba en el seno de la familia nazarena, acontecer envolvente que cubrió a los pueblos a pesar de su ociosidad y pereza, en su equivocado caminar al encuentro de su suerte.

El pesebre que un día acariciaron y adornaron tus manos de mujer, convertidas en manos de madre bendecida, poco a poco fue cediendo su lugar hasta llegar a convertirse en sacramento de la historia que nacía.

Fueron doce años que no en vano se agotaron. El Tetrarca Herodes I "El Grande", adulado y temido en su ignominia, en su oprobio, en su infamia, había presentado sus cuentas ante el tribunal divino, credenciales de sangre, oscuridad y muerte para con su pueblo, eran certificados seguros y abundantes que le acompañaron dócilmente.

¡Qué sorpresa tendría aquel jerarca envanecido, cuando a orillas del trono del Eterno, contempló incrédulamente los rostros infantiles de los menores de dos años nacidos en Belén en el mismo tiempo que Jesús; rostros que palidecieron por la muerte terrena decretada por él mismo! Primer cortejo de mártires alrededor de Jesús, ¡treinta santos niños inocentes! (Mt 2:16-18) o ¡tantos más!, o ¡tantos menos!... ¿cuántos serían? Y pensar que, además, estuvo frente a frente con el padre de aquel, que sería Rey, y a quien durante su "gloria" terrena pretendió asesinar como una forma de guardar "para siempre" su mandato. ¡Pobrecita su alma y su destino!, miserables sus lágrimas ante el Alfa y Omega[108], que jamás compensarán las cascadas desbordadas producidas por el llanto de las madres, que indefensas suplicaron y murieron con la muerte de sus hijos degollados: *En Ramá se oyeron gritos, grandes sollozos y lamentos. Es Raquel que no quiere consolarse porque llora a sus hijos muertos (Jer 31:15).*

¡Doce años transcurridos!, equivalentes a cuatro mil trescientos ochenta días ya vencidos, ciento cinco mil ciento veinte horas que impotentes presenciaron sin poder alterar su derrotero, la salida imprevista de la santa familia nazarena. Incomodidad y desvelo en el abandono del calor generoso que acurrucado se escondía en el sencillo aposento de Belén, salida clandestina ordenada por el ángel en aquella marcha apresurada que antecede a la matanza decretada por Herodes un veintiocho de diciembre que data de los primeros años de la era cristiana. Retirada y caminata en las horas tempranas de algún día... día incierto, día tierno en la vida de aquel niño. Tortura e impotencia en el silencio, en el correr indefenso ante el frío mañanero, tropezando y cayendo en la oscuridad que insensible y traicionera se burlaba de sus pasos vacilantes.

Si algún ojo curioso o madrugador observó sorprendido el caminar de aquellos seres, muy callado guardó su testimonio, pues la historia no registra tal relato que pudiese describir los pormenores, y aún los sinsabores que en el transcurrir de aquella marcha, les iría conduciendo dócilmente a las tierras misteriosas del Egipto legendario.

Doce años de interrogar en silencio... al silencio de los cielos, doce años que marcaron el correr de sus vidas en el tiempo:

---

108 Primera y última letra en el alfabeto griego para designar a Dios como "el principio y el fin" (*Apocalipsis* 21:6; 22,13).

período de iniciación en la pequeña Belén[109], Belén Efrata recordada allá, allá a lo lejos donde nace la familia, el Egipto milenario y faraónico bañado por el río Nilo, allá, más cerca entregando añoranzas del exilio, y por último, Nazaret de Galilea y de María, cobijando el presente que sacude el quehacer de aquella gente en las horas que marcan estos hechos.

Pueblo de María: romería en Pascua a Jerusalén

A raíz del regreso a Nazaret, luego de haber vivido algún tiempo en las tierras de Ramsés II[110], en donde compartieron el exilio posiblemente en la provincia de Gesén o Gosén, con los descendientes directos de las tribus hebreas asentadas en la región luego de la salida del cautiverio en Babilonia cuatrocientos años antes, la familia se integró nuevamente a la rutina desteñida de las tierras galileas.

La casa constituida como hogar en el poblado nazareno, había sido clausurada y añorada durante los casi doce años de destierro. Ante la nueva ocupación de sus dueños como efecto del retorno, fue recobrando poco a poco su calor de unidad protectora de la vida, y volvieron los saludos con los vecinos de antaño, amistades, parientes cercanos y lejanos que curiosos rebuscaron, insistieron y pidieron referencias y leyendas de las tierras misteriosas; grupos de pobladores escuchando muy atentas narrativas de creencias, de costumbres y experiencias ocurridas en solares extranjeros.

La tranquilidad que caracterizaba el desenvolvimiento diario de las gentes, fue influyendo en la nueva manera de vivir sin

---

109 "Casa del pan", situada entre dos colinas rocosas a 800 metros sobre el nivel del mar, contiguo al desierto de Judea, distante 8 km. al sur de Jerusalén.
110 Faraón egipcio durante el éxodo judío, 1200 a.C.

sobresaltos. Entre tareas, descansos y acomodos, el disfrute de la calma pueblerina fue fortaleciendo la certeza del regreso realizado, y al ratito de estar entre los mismos, ya se había recobrado la familiaridad con la forma de vida en estas tierras.

La normalidad rutinaria de la gente, se impregnó nuevamente en el ritmo asumido por la casa de María. Por lo tanto, volvieron de manera natural las visitas a la sinagoga del poblado, entregándose a la oración y a las lecturas que expresaban mensajes trasmitidos por profetas, que se desbordaban letra a letra en la vida y voluntad de aquellos seres; todos y todo, giraba alrededor de las vastas enseñanzas heredadas del que vive. El gozar de la dicha de estar entre creyentes, no era más que resultado de ser un ferveroso convencido, privilegio de un pueblo suspirante, por las gracias y esperanzas que empapaban las promesas y el futuro de las almas adorantes.

¡Cuántas veces, María!, el correr de aquellas horas consagradas al encuentro de los hijos con el Padre, tu figura de criatura en desarrollo se abrazó dulcemente y con nostalgia a pasajes ya antes dichos por el ángel, a tus ansias de mujer-niña embelesada, cautivada como novia enamorada ante el cielo presidido por el Padre. ¡Cuántas veces!, el esposo que te dio la providencia te observó dulcemente con profunda admiración y reverencia, por tu entrega siempre alegre, por tu sí, siempre dispuesta a obedecer y vivir lo prometido; nada te era cuestionable ni lejano, mucho menos desde la presencia aquella que juntó íntimamente tu destino con la salvación.

¡Con qué facilidad e intensidad viviste los minutos y los años!, fracciones de tiempo que en silencio dieron paso al nacimiento de los hechos, acontecimientos felices que se encarnaron en tu vida.

¡Nada podría haberse detenido!: tu presencia sabatina en el templo, en las fiestas anuales de Pentecostés celebradas cincuenta días después de la Pascua, como aniversario para recordar la alianza entre Dios y Moisés en el monte Sinaí[111], en la solemnidad o fiesta de los Tabernáculos[112] escogida como tiempo de agradecimiento por los frutos de la tierra, y además, como ocasión de privilegio para rogar por lluvias abundantes que bendijeran la siembra venidera. ¡Nada podría haberse detenido!: tu presencia animosa en los actos cotidianos que gozaron de tus ocurrencias y alegrías, bendición y presencia con tu nombre y tu figura en las circunstancias que callaron su existencia... para guardar los secretos, para guardar las intimidades que ocurrían en los hechos. Sencillez y anonimato preferido en el esconderse juguetón por los rincones maliciosos de la historia, escondites solidarios y tranquilos que celosos se quedaron en silencio. Todo, absolutamente todo, fue formando el caminar hacia la cumbre que los planes del Padre te asignaron.

Y así llegó la feliz culminación y consecuente celebración de una docena de años, doce períodos de trescientos sesenta y cinco días desde el recuerdo siempre reciente de la pequeña Belén, del empadronamiento, los pastores, los viajeros conocidos por la tradición como los Reyes Magos o Astrólogos de Oriente que depositaron con amor su oro, incienso y mirra. Y también, ¿por qué no recordarlo?, el temor que hizo sudar los cuerpos de María y José en la fuga mañanera, fuga anunciada por la providencia que, de esta manera, desnudó los designios malvados de quien exterminó la inocencia que indefensa dormitaba en los niños de aquel reino.

¡Doce años!... ¡qué poquito tiempo adherido en el costado de los tiempos eternales!, sin embargo, fueron tiempos de potenciación que guardaron cientos de años postrados, esperando

---

111 Monte donde Moisés recibe las Tablas de la Ley por parte de Yahveh.

112 Tienda donde se colocaba el Arca Santa o de la Alianza.

redención; fueron tiempos de preparación, que acumularon miles de lágrimas que en torrente inagotable suplicaban comprensión. Miles y cientos por cientos de heridas y sufrimientos, que lastimosamente demandaban sanación.

En fin, eran los primeros días de un nuevo escribir la vida de los hombres, historia del pensar y el hacer humano anunciado y concretizado a partir del *hágase en mí*, instante decisivo para ir profundizando su cumplimiento en la medida que los nuevos sucesos se insertaban en el tiempo; en consecuencia, fueron doce años que formaron parte del proceso de maduración, que desembocaría en la culminación de la plenitud de los tiempos.

Y aunque los oídos no oyeron ni los ojos vieron, los destellos de la luz se prodigaron como anuncio en la cita que año con año cumplían los creyentes; era un mirarse de frente en el templo de Jerusalén, como lugar de encuentro privilegiado con Dios; fecha esperada por todo un pueblo para rendir tributo, a quien como tributo de Padre le obsequiaba la vida al pueblo.

Una vez más, pero con especial alegría, se presentaron al templo de Jerusalén situado a ciento sesenta kilómetros de distancia: José, Jesús y María. Era la primera visita que reclamaba la presencia del hijo único de María e hijo único del cielo. Un nuevo tiempo se había cumplido en el calendario que gobernaba los caminos espirituales, rigurosidad en el mandato mediante el señalamiento de los plazos y las fechas de obligatoria observancia.

Doce años… momento de celebración especial para presentarse al templo, para rendir merecido homenaje en las fiestas solemnes que en honor del Padre celebraban sus hijos.

Y ya no fueron uno, ni dos, sino tres los que elevaron sus voces para alabar al Eterno, tres reflexiones que juntándose a la reflexión colectiva del pueblo, remontaron su compromiso y votos de fidelidad, hasta llegar humildemente a los pies, de quien en el ejercicio de su capacidad para estar presente de manera simultánea en todas partes, observaba complacido aquella visita esperada por los siglos de los siglos, como parte de un itinerario irrenunciable: *Los padres de Jesús iban todos los años a Jerusalén para la fiesta de la Pascua, y cuando cumplió doce años fue también con ellos para cumplir con este precepto (Lc 2:41-42).*

Tres figuras que deleitaban al Padre, por la profunda intimidad que compartían en aquel juego de amores entre la tierra y la morada santa, tres figuras que amorosamente iban tejiendo la conformación de un sueño, de una ilusión sumamente acariciada por la paternidad misericordiosa de Yahveh.

Nuevamente la presencia de la Pascua, considerada como fiesta de la independencia judía en conmemoración de la liberación del yugo opresor en Egipto, encadenó una vez más la historia de arrepentimiento y búsqueda de perdón del pueblo, muchedumbre creyente que durante las múltiples sequías y calores transcurridos, buscaron incansablemente el camino señalado: actitud de reverencia y meditación, de reconocimiento y oración, de conversión como acercamiento para contemplar el rostro de quien les convocaba para su propia felicidad.

Fiesta número doce de la nueva era y de la nueva historia, festejo solemne que incorporó en sí mismo la experiencia sublime y gozosa del Mesías anunciado, redentor caminante, quien desde su cuerpo adolescente y su misión en crecimiento, fue empapando el misterio trinitario.

Gente dichosa de la Pascua doce, que contemplaron impasibles el caminar y gestos del anciano[113] que en su prudencia y cansancio pasó desapercibido. De la mujer[114] que en su silen-

---

113 José
114 María

cio participó solemnemente de los eventos ya trazados, cuya inserción y vivencia en la reflexión interiorizante muchas veces reprimida de aquel pueblo; del adolescente[115] que entre asombrado y curioso recorría y absorbía con su mirada y su corazón de niño, las primicias de aquel culto dedicado al Rey de reyes.

Sin detenerse... las horas fueron cayendo, abatiendo los días y las noches entre ritos, incienso, sacrificio y oraciones; los sucesos se agotaban de manera encadenada, arrastrando con ello el continuo nacimiento de las nuevas experiencias. Un día abrazado con su noche... otro... otro más, obligado cada uno a cohabitar abrazándose con su propia noche, hasta llegar al final de la jornada, al final melancólico de la sagrada fiesta de la conmemoración del pueblo.

¡De pronto!, al morir de aquella tarde en el último día de la Pascua, el templo entristecido se fue quedando abandonado y solito, resguardado por el eco moribundo que como vigilante nervioso se escondió en la majestuosidad sagrada del recinto. Cada vez más los ruidos se alejaban ahogándose en la ausencia que quedaba; hasta los atrios y rincones que se brindaron como testigos en el alud compartido de secretos, saludos, abrazos y promesas, fueron pasando al olvido, el golpeteo pausado y delicado de las miles de sandalias que se posaron en las superficies del área consagrada se alejaron poco a poco, hasta llegar a convertir aquel espacio abandonado, en un casi desierto entristecido y habitando en los recuerdos.

Retorno obligado al concluir la Pascua

Los pensamientos de aquella muchedumbre se tornaron obsesivos, enfrascándose en la realización de los preparativos que les llevarían a retomar el camino hacia las tierras que guarda-

---

115 Jesús

ban sus hogares. Cien mil almas inquietas que durante breve tiempo parecieron reposadas, experimentaron de pronto una ansiedad colectiva y uniforme, anhelos de retorno en las añoranzas por la lejanía que era toda una cercanía en sus pechos, deseos por encontrarse a breve plazo cobijados y a resguardo bajo el calor protector de sus lugares de siempre.

Y al amanecer después de la Pascua, con las primeras luces del alba el caminar colectivo intensificó su prisa, dirigiendo su nerviosismo y sus pasos, hacia la búsqueda de salidas que apartaran la presencia obligada en las tiendas y posadas. Los caminos ondulados y quebrados jugando a las escondidas, ocultándose y dejándose ver por entre aquellas colinas que rodeaban los muros de la ciudad... capital de los creyentes, se convirtieron en cuerpos de tierra escurridiza, posesión engañosa entregada dócilmente al manoseo de los múltiples viajantes.

En consecuencia, en la medida que se intensificaba la impaciencia, se fueron compartiendo movimientos y espacios en contraposición a la inmovilidad de la materia terrosa, tangibilidad inerte de la tierra fría de caminos pisoteados, senderos maltratados que se apelmazaron impotentes ante las masivas y groseras embestidas.

La alegría ordenada de la fiesta se convirtió en el jolgorio del desorden, en donde los más rústicos y fuertes se imponían ocupando los primeros espacios de aquella retirada. El rechinar de maderos y metales, confundían su chirriar quejumbroso con el lastimero rebuzno de asnos y camellos, pobres caricaturas vivientes que indolentes ante la prisa de sus amos, se oponían con "lenguaje" escandaloso, al maltrato desatado por los conductores de carruajes y en perjuicio grave de sus deformadas osamentas.

En tanto el amanecer envejecía, las siluetas conocidas de los múltiples caminos... mercadeaban sus bondades apuntando a su destino: Jericó, la antiquísima ciudad adornada de flores y palmeras ubicada en el valle del Jordán; Jezrael, la llanura habitada por densas multitudes que gozaban a la vista del comercio de toda Palestina; Cesarea, la "niñita" mimada de turistas y romanos, que invirtieron dineros y talentos para hacer de sus costas y solares paraísos de vida acomodada; la residencial Tiberíades, invadida y asediada por la cura que supuestamente brindaban sus abundantes aguas termales; Séforis, capital de la provincia Galilea y asiento importante del poder de los romanos; Filadelfia[116]... Escitópolis[117]... Cafarnaúm[118]... Betsaida[119], Nazaret[120]...

Las caravanas avanzaban lentamente en largas filas, con sus carpas y carretas ostentando las mejores apariencias; variedad en las figuras de animales de carga y de tiro gobernados por siluetas definidos por sus gestos, sus gritos y sus mandos. Prepotencia y obediencia ubicadas en dos bloques muy opuestos, por

---

116 Fundada por Atalo II Filadelfo de Pérgamo (c 150 a.C.). Desde aquí, Juan dirigió a la iglesia en esta ciudad una de las cartas a las siete iglesias de Asia (Ap 1:11; 3:7-13).

117 Bet-Seán en el AT y conocida como Escitópolis a partir del siglo III a.C.

118 Ciudad de Galilea, situada junto al lago Tiberíades, hogar de Pedro y Andrés. Escenario de gran parte de la vida pública de Jesús, por lo que se la llama "su ciudad" (Mt 9:1; Mt. 4,13; Lc 4:31; Jn 2:12). Enseñó en su sinagoga (Lc 4:31-32), predicó el sermón del Pan de la vida (Jn 6:16-29), la curación del paralítico (Mc 2)... maldijo a la ciudad por su incredulidad (Mt 11:23).

119 Situada junto al lago Genesaret, lugar de predicación y milagros de Jesús (Mt 11:21; Lc 10:13). Ciudad de donde eran Felipe, Andrés y Pedro (Juan 1:44; 12:21). Jesús se conduele de esta ciudad por la dureza de sus habitantes ante sus obras (Mt 11:21; Lc 10:13). Luego de la multiplicación de los panes Jesús envía a sus discípulos a esta ciudad (Mc 6:45).

120 Primera mención en el evangelio de Mateo (Mt 2:22-23), aquí vivían José y María (Lc 2:39), lugar donde Jesús habitó gran parte de su vida (Lc 4:16; Mc 1:9).

un lado, los señores que ordenaban y huían del esfuerzo que movía aquella marcha, y por el otro, los peones o sirvientes que impotentes ante el trato displicente de sus amos, descargaban su revancha en los lomos y oídos de los pobres cuadrúpedos gimientes.

El bullicio producido por aquella materia en movimiento, fue alejándose tristemente del lugar tan ansiosamente aprisionado en los días anteriores, fue perdiéndose en los altibajos y en las vueltas ascendentes-descendentes que adornaban cual collares misteriosos, el terreno accidentado que burlándose observaba indiferente el desfile apresurado de viajantes.

Desde el templo, las plazas, viviendas y recodos, los vivientes de aquella ciudad tan visitada... contemplaban en silencio, cabizbajos, pensativos ante aquel alejarse sin remedio, abonando con su marcha al ensanchamiento en la distancia común interpuesta entre parientes, amigos, no amigos, conocidos... en resumen: componentes de un pueblo cuyo origen, y costumbres les unían.

Al pasar de las horas los caminos polvorientos que aburridos a lo largo... en la distancia buscaban su destino, soportaron sin remedio el trajinar de aquellos seres hacia tierras escondidas más allá de las miradas, tierras lejanas y cercanas cuyos límites o fronteras envolvían el quehacer rutinario de esos pueblos: Ain Karim, Betania, Efraím, Belén y... fueron entre otros, los lugares que por su especial cercanía a la gran Jerusalén, permitieron de manera priorizada y prontamente el descanso agradecido de viajantes que llegaban a su meta. Sin embargo, la inmensa mayoría debió continuar su marcha dispersándose por los múltiples senderos que, sin pereza ni apuro, prolongaban su abrazo explorando con su cuerpo las bondades de otras tierras.

Entre el cansancio y la añoranza que surgían como abundantes manantiales de experiencias, la tarde del primer día fue cayendo en agonía.

Las luces del radiante sol fueron buscando reposo, escondiéndose a lo largo, a lo ancho, a lo cerca y a lo lejos de la marcha compacta y numerosa, columnas de peregrinos que, distribuidos en caminos diferentes, perseguían al final… la conclusión y deleite de las mismas metas; esfuerzos coronados en la satisfacción de divisar los valles y las montañas que envolvían como guardianes celosos, el sueño de la ciudad donde esperan sus familias, sus tesoros, sus alcobas.

Las sombras fueron cayendo como sonrisas de pobre: sin cortejo, sin aplausos, sin aparente motivo de habitar entre la gente. Una primera estación de reposo se dispuso, obligados por la noche cada quien a como pudo buscó el refugio seguro que a su cuerpo le brindara el mínimo de contento. Y en el correr de las horas, en el silencio de aquella noche terrena, noche oscura, noche triste, noche absurda que detenía la marcha como intrusa torturante que adormecía el cansancio.

Hasta el firmamento cerró filas con el reposo nocturnal prolongado; se escondieron las estrellas, se apagaron las linternas de luciérnagas fugaces, los misterios de la noche enmudecieron nerviosos, como queriendo callar para surgir otra noche… luna tierna, luna llena, luna sola que, como madre celosa del bienestar de los hijos, te retiraste sumisa a descansar en las sombras.

Horas y minutos constantes saturados de inquietudes y descanso, respiración anhelante de vida… en movimientos pequeños: de los cuerpos, de los vientos, de las sombras y del tiempo que escondidos se quedaban en la profundidad de los sueños.

Melodía de ilusiones postergadas, apagadas, reprimidas por el dormitar abandonado de los cuerpos y las mentes; melodía de esperanzas que indefensas descansaban ante la quietud oportuna del silencio que vencía… en la noche solitaria que nacía.

Así fueron pasando las nubes, los celajes rasgados por la obscuridad, los ruidos apagados en el breve período gobernado por la falta de luz, minutos aprisionados, limitados por el tiempo que marcaba su camino. Y ¡por fin!, al final de las horas que reinaban en la noche, una tierna y delicada aurora que emergía victoriosa fue naciendo, asomándose sus luces, descubriéndose su cuna en los cercanos y lejanos horizontes. ¿Qué si brotaba del suelo o se posaba en la tierra?, eran asuntos de duda en la filosofía del pueblo; mientras tanto, los torrentes de luminosidad mañanera, fueron bañando superficies y criaturas que felices ante el día que triunfaba, fueron volviendo a la vida desprendiéndose de temores. La negrura fue cediendo en el color que resaltaba por su soberbia y enojo, entregándose vencida ante la claridad que inevitable corría.

En la caravana de creyentes que ostentaban emblemas nazarenos, nunca se supo quién fue primero en descubrir a la aurora, si fue un asno o un camello intranquilo por la incomodidad de aquel lecho que le brindaba el camino, o simplemente fue el caso del despertar colectivo de sirvientes y señores. Lo cierto es que de repente, se oyeron ruidos y mandos, predisponiéndose todos con renovada energía, disposición y entusiasmo a reanudar el camino hacia las tierras queridas.

María y José, descubren la ausencia de Jesús

Pero, ¡de pronto!, se escucha el grito de alerta que entre pausado y sereno, brotaba de algún creyente ubicado en su carruaje como parte del colectivo viajante, murmullo o rumor de voces, de entonaciones crecientes, era fácil de ubicar y fijar la atención interesada en el carro que transitaba más lleno, saturado de gente y pobreza, de esperanzas y de sueños.

Silencio

¿Dónde estás, querido hijo?,
que tu presencia es ausencia
y tus palabras que nacen
desde el calor de lo eterno,
 han estado enmudecidas.
¿Desde cuándo?...
No recuerdo,
solo sé que te has callado
porque tu voz no la escucho,
ni tú figura graciosa
se proyecta ante mis ojos;
para aliviar el cansancio,
para estrujarte en mi pecho,
para sentirte tan mío,
para saber que estás cerca...
compartiendo tu cariño.

(EMILIO)

Un silbido con el viento se fue marchando a lo lejos... indiferencia o ausencia del firmamento celeste, de la gente, del desierto, de las piedras y espinas que impasibles seguían dormitando su rutina, solo una voz prolongaba la inquietud y el sentimiento por entre aquella abundancia de prisas y confusiones, de emociones egoístas que únicamente acertaban a vivir para sí mismas.

Búsqueda

Corre, María que, corriendo,
tu frenesí alcanzará su clímax
tan temprano, tan prontito;
cuando al llegar al final de las visitas:
observando, preguntando, suplicando;
tu corazón palpitante por temerosa respuesta,
se desborde de impaciencia,
como preludio del llanto que anegará tu mirada
ante la ausencia del Santo.

(Emilio)

A tu búsqueda impaciente, prolongada e insistente la cobijó como respuesta el inclemente silencio: insensible, destructivo y despiadado, por el único pecado de haber llenado tu vida con la vida desbordante que descendía del cielo, vacío cruel que te negó la presencia que tus amores pedían.

Sin quererlo y mucho menos merecerlo, la crueldad tocó a tu puerta para convencerte crudamente que el afán de tus amores no se encontraba contigo, y sufriste en el silencio del abandono terreno, sin tu hijo, sin la presencia esperada que consolara tu angustia, tu dolor, tus lágrimas escondidas, reprimidas allá en el fondo de tu cariño de madre.

Como árbol que ha defendido sus frutos ante las inclemencias de los vientos tempestuosos, así tuviste que enfrentar la ausencia del ser querido que te llevó irremisiblemente a profundizar en la búsqueda, en el ampliar los lugares del posible reencuentro y decidiste el retorno a la añorada Jerusalén que, con sus novedades y encantos, a lo mejor guardaba la presencia de tu criatura santa. Con la voz entrecortada y tu mirada lejana interrogando al silencio, interrogando a la fría y enmudecida distancia, emprendiste de nuevo el camino del regreso: cabizbaja, pensativa, con apariencia vencida por la inseguridad del no saber y la pena del no encontrar. Apresurada en tus gestos y tus ansias, con el corazón vibrando porque tu niño allá en el templo, se encontrará pendiente esperando tú regreso.

Nuevamente tus sandalias marcaron con sus huellas los 25 km y el camino de regreso de Jericó a Jerusalén, avanzaron ágilmente desde la prisa y el golpeteo que tus pies y tus ansias imprimían al silencio, gritos del alma enmudecidos por el desierto, silencio de soledad, secretos de reflexión para encontrar la respuesta que tus oraciones y tu amor de madre imploraban. Sin embargo, indiferencia de los seres del desierto, de la tierra infértil, de las piedras, del calor que se anunciaba en las primeras luces de aquel día, ¡bendito anhelo!, que acompañaste respetuoso y solidario aquel retorno esperanzado.

Las horas, que cambiaban los factores naturales del ambiente en aquella travesía, fueron escondiéndose agotadas en los rincones del pasado. Y surgieron en el día que avanzaba... envejeciéndose en su tiempo: los ruidos misteriosos con ropaje de fantasmas, los sudores que colmaban el esfuerzo de los pasos sin descanso, el sentir solitario de aquel peso recargado de las ropas polvorientas, y la tortura inclemente, incesante en su martirio, castigando tu cerebro y tu cuerpo con la furia calcinante de "los soles" del desierto.

Sin embargo, nada pudo alterar la tenacidad que imprimías a tus pasos, a tus gestos, en la prisa progresiva por llegar al destino que buscabas. Y así, solita, vos, solita con tu José, como en un diálogo entre amigos: Ustedes, la distancia, la prisa y el cansancio, solidarios en la marcha y comprensivos en la pena, se acompañaron generosos compartiendo sus favores.

En tanto que la distancia, se entregaba dócilmente ante los

pasos presurosos e impacientes de José y María, el cansancio se ocultaba con vergüenza sin doblegar la tenacidad de sus cuerpos. Hasta los arbustos, cansados y agobiados por la desnutrición y la pena de mostrar sus esqueléticas carnosidades, saludaban débilmente con moribunda alegría extendiendo sus ramas mecidas por el viento, agitar compartido con el dinamismo aplicado por José y María, ante el avanzar inexorable hacia aquellas murallas de piedra uniforme y blanquecina, muros de altura y espesor imponente, que como centinelas fieles custodiaban celosos la ciudad milenaria y salomónica de la legendaria Jerusalén, ciudad asentada en los corazones de su pueblo y en los promontorios circundados por los valles del Cedrón[121] y la Gehena[122].

Nuevamente en Jerusalén

Al caer la tarde, en la penumbra de aquel día de marcha y de retorno a la ciudad donde recién había concluido la celebración solemne de la Pascua, irrumpieron de nuevo aquellos seres en las calles de la gran ciudad eterna, capital bendita, que dejando al desnudo los rincones y lugares más comunes frecuentados por creyentes extranjeros y vivientes, ofreció de manera ostensible, el vacío que surge de la ausencia innegable de la figura añorada de aquel hijo tan querido, criatura adorada que de manera inexplicable, se perdía y "se negaba" al reencuentro anhelado por sus padres.

Fueron tres días de búsqueda incesante para posibilitar el encuentro, setenta y dos horas que agotaron los lugares de posi-

---

121 Valle situado entre Jerusalén y el Monte de los Olivos. La tradición ubica en este lugar las tumbas de: Absalón, hijo del rey David; Santiago primer obispo de Jerusalén y Zacarías, padre de Juan El Bautista.
122 Al este del valle del Cedrón en Jerusalén.

ble referencia: las posadas, los amigos, los negocios, las plazas y los centros recreativos que por su belleza artificial o natural atraían la presencia de curiosos visitantes. Sin embargo... ¡todo continuó bajo el manto del abandono y del silencio, de los espacios callados... y desafortunadamente vacíos!

Profundamente golpeados por la incertidumbre y el cansancio que imprimieron a sus ánimos y cuerpos la distancia, la ausencia, el calor y el sobresfuerzo desplegado en la búsqueda por la ciudad y el desierto, decidieron dirigir su caminar hacia los pórticos de mansiones resguardadas por sirvientes o soldados, por los predios y salones que orgullosos conformaban la estructura de aquel templo que guardaba en sus adentros, los momentos escondidos de oraciones y lamentos, infraestructura para el servicio común que les juntaba como pueblo, como creyentes, como familia plenamente convencida y devota de sus principios y creencias religiosas.

De manera ansiosa y lenta, fueron recorriendo en la intensidad de aquella búsqueda el patio interior conocido como el "atrio de los gentiles", lugar preferido por los intereses de los mercaderes y cambistas; para luego pasar al espacio conocido como el "atrio de las mujeres", parcela que contemplaba la presencia del sexo débil y atrayente como fiel reconocimiento al conglomerado genérico que en él se concentraba. Finalmente se introdujeron en el área que marcaba el comienzo del espacio destinado al género absolutamente dominante en la cultura hebrea: el "atrio de los hombres", sin embargo, continuaba predominando el vacío absoluto condenado por la ausencia de aquel niño... en los patios, los andenes y ambientes visitados. Enmudecimiento y ausencia de la voz y la figura amada... en los predios, las columnas y baldosas que servían de antesala al templo.

A estas alturas de la búsqueda y el recorrido agotado en la ciudad de Jerusalén y el templo, con más incertidumbre que certeza, encaminaron la impulsividad de su ansiedad y sus pasos hacia el recinto que de manera preferente, recibía de manera perenne la presencia de la clase sacerdotal... "atrio de los sacerdotes", lugar destinado al ejercicio de los holocaustos. Sin embargo, desnudez de la presencia infantil en el recinto, anatomía ausente que les impulsó a continuar su marcha por los amplios corredores que se ubicaban contiguo al sagrado recinto del santuario, lugar culminante de la devoción creyente, donde pocos días antes la inmensa multitud congregada ante el Dios de sus antepasados y sus hijos, habían transformado sus dudas y temores, en semillas de alegría y esperanza.

¡De pronto!, violentando el silencio que se entregaba como ofrenda en aquel templo, un murmullo de voces escapado de algún punto ubicado y perdido entre los techos y paredes... fue llegando suavemente a sus oídos. ¿Sería alucinación o engaño por la insolación capturada en las desérticas tierras Palestinas?, o... ¿un susurro del viento que viniendo desde lejos se escondía juguetón y travieso en las fisuras naturales de aquel templo?; o... ¿acaso se encontraban reunidos evaluando aquella última Pascua, los ángeles y querubines, arcángeles y serafines, alrededor del altar sagrado, el candelabro de oro, la mesa de los panes y el incienso que presidía el "Lugar Santo"; y... ¿si el mismo Dios se encontraba presidiendo aquella junta divina desde la ubicación de su trono?, ¿desde el sagrario de su morada conocida como el "Lugar Santísimo[123]", inmediato al "Lugar Santo".

Veinte metros de espacio santo y diez metros de saturación santísima, bastaban para recoger de Pascua en Pascua, el alma de centenares de peregrinos por los años de los años que pasaron reverentes, bendiciendo a su buen Dios en las buenas y en las malas; períodos de añoranza alrededor de aquel solar

---

123 Contiguo al Lugar Santo, separado de este por una cortina fina y delicada, conocida como velo. Éx 26:33, Heb 9:1-4.

ocupado por el templo, obra imponente construida por el rey Salomón novecientos setenta años antes de Cristo; reclamo e impotencia ante las ruinas de ese mismo templo, recibidas como afrenta en la obra destructora del famoso general romano Tito, setenta años después de la venida de Jesús; tristeza que sustituyó la alegría de treinta y siete años antes de Cristo, durante el proceso de reconstrucción y ampliación ordenado por el inefable Herodes I, personaje impopular conocido como "el Grande", pero apodado despectivamente por el nacionalismo judío, "como el Idumeo", o extranjero proveniente del país de Idumea en la región del Asia.

¡Pero no!, a pesar de los pesares, continuaba prevaleciendo la ausencia de la figura querida, y por lo tanto, todo lo realizado hasta el momento, nada más había sido un sueño que acarició la ansiedad y la mente motivada decididamente por los sentimientos. Corazón de María y José unidos como siempre, hasta llegar a un final en aquel instante cercano de la búsqueda que moría.

¡Está aquí!

Le hemos encontrado... ¡está aquí!
Pero mira, José...
¡Qué alegría lo que contemplan mis ojos!,
Allá en el propio fondo,
Pegadito a nuestro santuario,
Está nuestro hijo santo.
Vaya... ¡por fin le encontramos!,
Vaya... ¡qué dicha, María!;
Terminaron las angustias
Y las dudas de su encuentro
Acerquémonos de prisa
Y conminémosle al regreso.

(EMILIO)

El caminar respetuoso y un tanto apenado de aquella humilde pareja, fue penetrando en la sala: una joven, un adulto... encarnando una misión, con sus ropajes de pobre maltratados por el uso, por las zarzas resecas de aquellas tierras prácticamente desiertas y por el descuidado sendero que arrojó en sus humanidades, el polvazal caprichoso que levantaban los vientos en sus esporádicos retozos.

Con profundo asombro de los presentes, figuras importantes por su hablar y por sus ropas, la imprevista aparición de la pareja provocó el que fueran observados desde la cabellera a los pies por la curiosa mirada de aquel grupo de notables; funcionarios de elevada posición, cuyos cargos y obligaciones surgieron para continuar la obra religiosa de Esdras[124] y Nehemías[125].

Personajes de porte distinguido, con sus impecables y diferenciados trajes de sacerdotes, escribas, doctores y autoridades religiosas. En resumen, maestros de la palabra y la vida en la conducción del pueblo, se notaban visiblemente agitados, "incrédulos" y a la vez admirados ante la interpretación y conocimientos que aportaba el hijo de María. Discernimiento extenso y profundo que presidía el saber de aquel niño, conversación rara e incomprensible desde el razonamiento que gobernaba la sabiduría de aquellos hombres, protagonismo y presencia misteriosa en la continuación prolongada de aquel diálogo, que sin saber por qué, se extendía y asombraba por la inagotable

---

124 Sacerdote y escriba relacionado con la restauración de la comunidad de Israel después del exilio. Llega a Jerusalén en el año 458 a.C.

125 Personaje hebreo que permaneció cautivo en Babilonia. Luego de la caída de este imperio, regresa a Jerusalén en el año 445 a.C. para reconstruir las murallas del templo, administra Jerusalén durante doce años.

riqueza que experimentaban, a pesar de sus limitados horizontes religiosos.

Por la multiplicidad de conceptos, criterios, gestos e intercambios personales y grupales de teorías, historias y "verdades" discutidas; y aun, por la diversidad de asientos vacíos que indicaban la incomodidad anatómica de los sujetos, el nerviosismo y el paseo continuo por sobre aquellas baldosas relucientes, frotándose las manos y haciendo gestos mal disimulados de asombro. Por lo que, de manera evidente, podía interpretarse que al menos varias horas habían sucumbido; era innegable la influencia que las palabras vertidas por el niño, habían ido logrando en la voluntad y el respeto de aquellos hombres sabios. ¿Cómo es posible?, que una criatura anónima y pueblerina, sin vestigios aparentes de formación ni experiencia tenga tanto que decirles y, por qué no admitirlo, demasiadas cosas que aclararles y enseñarles; nada más y nada menos, que a los tenidos por eruditos y entendidos en las leyes y misterios de la gran verdad yavista.

Sin embargo, los hechos hablaban por sí solos, hasta los discípulos del sumo sacerdote Caifás y aun los seguidores de su suegro y ex sumo sacerdote Anás, comenzaban a contemplar la conveniencia de que sus ilustrados maestros deberían de estar en este encuentro; conveniencia y ganancia... al fin, que redundaría en provecho para darle a sus cargos nueva vida, nuevos horizontes sustentados en un nuevo testimonio, más acorde con la palabra interpretada y predicada por el niño.

Mientras tanto... la madre con su lento caminar entre la aglomeración que formaban tan dignos personajes, había alcanzado los linderos del lugar ocupado por su hijo. Los presentes sin saber cómo ligar la presencia de María... observaban en silencio, bailoteando su curiosidad y su mirada entre la silueta de aquella joven mujer desconocida y bella, y la figura decadente del hombre introvertido y humilde que había detenido sus pasos en el margen no ocupado de la sala. Así como también de manera relevante, detenían el escudriñar de sus miradas en la diminuta figura del muchacho que, inspirado e impulsado, por quien sabe que corrientes misteriosas, continuaba discerniendo letra a letra... la palabra, trasmitiendo los mensajes que el cielo de seguro les mandaba, e iluminando u ordenando la razón de los deberes y derechos requeridos por el Padre.

Un reclamo que debió guardar silencio

En el continuar de aquel encuentro, sorpresivamente entre el modular único y monopolizado de vocablos masculinos, una voz impulsiva y femenina resonó de repente en el ambiente: *Hijo, ¿por qué te has portado así? Tu padre y yo te buscábamos muy preocupados (Lc 2:48).*

Contenido de una pregunta, exteriorización de un sentimiento adolorido, inquietud en las palabras, que más que un reclamo parecieron una súplica... ¿por qué te has portado así?, como queriendo quizás decirle: tú bien sabes que jamás lo habías hecho, que entre nosotros las desconsideraciones nunca han tenido un lugar asignado en nuestras vidas, ¿qué ha pasado hijo mío?, ¿por qué nos trataste de esa manera?, ¿no ves que tu comportamiento alteró la tranquilidad que durante doce años hemos defendido y cultivado como circunstancia de gozo y felicidad, como aliciente de armonía familiar en la construcción compartida del hogar agradable a los ojos del Creador?

Pobrecito tu padre... ¿o es que acaso no te da pesar que, a sus años, tenga que hacer un esfuerzo más allá de sus capacidades, andando y desandando la distancia y los rigores de un camino ya agotado? Míralo que en silencio te observa acariciándote en su cansancio, y que, aunque sus labios no pronuncien ni una queja, tampoco él comprende la razón de tu anormal comportamiento... ¡por favor, hijo mío!, por favor, no lo vuelvas a hacer.

Bullicio y palabrería doctoral… apagada, enmudecida, refugiada en aquel trozo de corredor, pequeña sala, que servía de escenario a la manifestación de la primera rebeldía del enviado. Eran indiscutiblemente los primeros rasgos de una personalidad que se consolidaba: más decidida, más independiente, más inmediata para encarar las cosas que implicasen el emprender la misión desde temprano.

Por ello, ante la pregunta autorizada de la madre, la respuesta inmediata del hijo sobrepasa la lógica más elemental de cualquier temperamento humano: *¿Y por qué me buscaban? ¿No saben que tengo que estar donde mi Padre? (Lc 2:49)*.

¿Dureza de corazón con los progenitores que amamantaron el cuerpo y el corazón de sus primeros días? o ¿simplemente ingratitud propia de la inmadurez del adolescente? o ¿a lo mejor respuesta que buscaba la confirmación de lo dicho en el ambiente? o ¿protagonismo de un entendimiento y compromiso más allá de las "normalidades" escriturísticas y familiares? o bueno, ¿realmente qué pasaba? Los presentes únicamente intentaron descifrar el porqué de aquellas frases dirigidas por el niño hacia su madre, mientras tanto, confundidos y perplejos, se interrogaban con miradas y gestos de ignorancia… los unos y los otros.

De manera inmediata el cariño de la madre percibiendo, aunque no del todo comprendiendo, que en las palabras del hijo evidentemente se manifestaba el desarrollo de la misión, de la encomienda que se inicia mostrando sus primeros pasos. Por lo tanto, quiso la madre ser prudente ante la expresión que humanamente parecía incomprensible, pero que, para ella, precisamente para ella "la amada y favorecida", debería ser la señal de la presencia del Espíritu ya anunciado por el ángel.

Por lo tanto, deteniendo la explosión maternal de sus más expresivos sentimientos, calló sumisamente, anteponiendo su aceptada condición de sierva al servicio exclusivo del Señor, rindió su autoridad, derechos y consideraciones de madre, ante la autoridad, derechos y consideraciones que indiscutiblemente provenían de los cielos, y... enmudecieron los reclamos, el nervioso agitar estresante producido por la ausencia... buscó sosiego refugiándose en la calma, en la espera de los hechos que tendrían que anunciarse. El silencio inmediato producido en el ambiente, permitió "escuchar" el silencio de la morada santa confirmando el final de aquel encuentro, permitió detectar los sonidos de trompetas en el templo, que imponentes, clausuraban la jornada.

Capítulo VII

Nuevamente
en Nazaret

*L*as tardes y las noches continuaron deshojando su frescor y su presencia en las vidas nazarenas, actualizando a cada instante los racimos de recuerdos, que uno a uno se fueron inscribiendo en las páginas dobladas de la historia, hojas saturadas y felices conteniendo la custodia del presente, tiempo volátil en continuo movimiento hacia el pasado, riqueza en el hacer y esperar de cada vida en su dinámica natural de construir las experiencias, en la vivencia de sucesos, ilusiones, reflexiones y silencios que conformaban la rutina de la gente.

La misma plazoleta, desfigurada en sus trazos por el desgaste originado en el restregarse continuo de los vientos, de las lluvias, de los cuerpos. Plazoleta abandonada gritando la pobreza de su pueblo, el conformismo de su gente, bajo el disfraz maquillado de las ruinas, que esparcidas conforman su figura. Pedazo de tierra resignada que en silencio continúa soportando las citas parroquianas, observando los rescoldos de humaredas que como suspiros de cocina se escapan por los techos y paredes agrietados por el tiempo, y por la "ciencia ingenieril" de sus artesanos habitantes, espirales de humo que, remontándose, se ofrendan como fruto del ritual cotidiano en la preparación de los escasos alimentos.

Los saludos y tertulias informales, eran hechos evidentemente inevitables nacidos en el conocerse y tratarse, en la confianza generada por la cercanía y estrechez de los pequeños territorios o solares, que por la fuerza del uso y la costumbre, o de ilegibles y arrugados documentos formales o informales, constituían posesiones que albergaban los hogares y las vidas, que a su vez daban cobijo a la existencia que vibraba en el fragor de aquella tierra predominantemente rocosa y con innumerables cuevas usadas como silos, cisternas y bodegas.

El jugar, sonreír, dialogar, compartir inquietudes y aventuras eran hechos rutinarios que envolvían el quehacer de los nuevos habitantes, niños transformados en adultos, ciudadanos en relevo que venían asumiendo como nuevos propietarios de las mismas posesiones.

Y así fueron pasando los años y las cosas, las caravanas, los cultivos, los negocios, los talleres, los cumpleaños, el disgustarse para luego perdonarse y por debilidad volver a disgustarse, la riqueza, la pobreza y la miseria, la llegada sorpresiva de nuevos habitantes venidos desde cerca y desde lejos, el largarse de amigos, conocidos y familias hacia nuevos horizontes.

Los enamoramientos y casamientos, los nacimientos, las enfermedades y las muertes fueron cubriendo aquella tierra nazarena... de recuerdos, alegrías, tristezas y esperanzas que, en el paso de los días y las gentes, se juntaron a las nuevas, pero siempre iguales experiencias, prototipo de la más sana convivencia provinciana.

Los niños y las niñas, que un día jugaron incansables y traviesos saturando cada tiempo de ocurrencias, gritos, carcajadas y de llantos, que alegraron y sufrieron comprimiendo el alma de los grandes o adultos de ese entonces, se habían ido convirtiendo por la inercia de los años, en los nuevos adultos de aquel pueblo, respetados hacedores de ilusiones y progreso con la nueva fuerza de trabajo, esforzados dirigentes comunales, para potenciar las pocas cosas nuevas que a golpe de martillo surgían en el pueblo, incipientes artesanos aportando sus ganas y sus fuerzas en la lucha permanente por ganar la subsistencia.

Nuevas encaladas a los mismos y escasos edificios, construcciones que nacieron como copias calcadas con las mismas apariencias; los senderos que nacían y morían en las mismas direcciones, continuaban demandando el recorte de hierbas y arbustos que pudieran esconderlos de los mismos caminantes. Escasa innovación si acaso la hubo, se afincó en el relevo del protagonismo y liderazgo de los ahora viejos habitantes.

Las artes y oficios como forma de trabajo, se burlaban de aquellos nuevos hombres y aun de las niñas que vivieron ese tiempo, cuerpos femeninos atrayentes, convertidos ahora en anatomías de mujeres que garantizaban la multiplicidad de los hogares, y por consiguiente, de los nuevos pobladores. La tarea principal que gobernaba la economía de aquel pueblo, continuó privilegiando el cultivo de los huertos como fuente inagotable de satisfacción alimenticia y de provisiones permanentes; así también, la dedicación de la mano de obra laboral en los pequeños talleres que movían las fuerzas familiares.

Los trabajos de fondo continuaron ejerciendo el antiguo y activo pastoreo de los minúsculos rebaños, reducidos grupos de animales menores preferidos por sus carnes nutritivas y abundantes, para el complemento de la dieta alimenticia de unas cuantas familias de pastores. La pesca ejercida en las bondadosas aguas del lago Tiberíades, constituían fuente segura de ingreso y de comida. Además, la oferta que de su trabajo hacían los más aventureros e inquietos, para ser contratados generalmente como peones en las periódicas y eventuales caravanas que, ejerciendo el comercio en las tierras palestinas, se desplazaban por las rutas que estratégicamente cruzaban los cuatro mil kilómetros cuadrados de la geografía galilea.

Pocos oficios y profesiones alternativas surgieron como aportación para un posible crecimiento en el estancamiento de aquella economía sustentada en la ganadería, la agricultura y los servicios: jornaleros, alfareros, artesanos; actividad productiva encerrada en su propia irregularidad geográfica, escondida en la parte alta de los montes nazarenos. Todo continuaba igual, nada parecía diferente, haciéndonos eco del cantar exitoso del español Julio Iglesias, podríamos decir... hoy, aplicando a ese entonces: "la vida sigue igual".

En tanto, la generación que le tocó vivir su tiempo gozando de plena lozanía, de juventud y alegría durante el mandato de Herodes el Grande; del gobierno imperial de Octaviano (27 años a.C.) autoproclamado primer emperador de los romanos; de la conclusión del antes mencionado censo ordenado por Quirino en el propio período del nacimiento de Jesús; del florecimiento cultural, urbanístico y comercial de ciudades como Cesarea y aun la misma Jerusalén.

Toda esta generación que sufrió los rigores de estos tiempos, todos ellos, habitantes de la pequeña porción de Israel llamada Nazaret, habían pasado a formar parte de una generación en retirada, estrato o grupo poblacional, en proceso acelerado de desdoblamiento o alejamiento hacia dimensiones misteriosas... no visibles. Habitantes nativos y foráneos residentes y aún los visitantes, que gozaron de la autoridad como testigos de los hechos mencionados, generación de precursores que se adelantaron a la nueva era inaugurada por Jesús; de ellos, algunos habían muerto, en tanto que otros habían envejecido, y se encontraban al final no ya de su "vida útil" desde el punto de vista económico, sino de su "vida material" desde las consideraciones de su presencia terrena.

Es en este período de los anónimos o desconocidos dieciocho años, dieciocho años de silencio bíblico y de silencio histórico-humano, comprendidos desde el cumplimiento de los doce años de Yeshúa[126] en su visita al templo en Jerusalén, hasta el ejercicio de los treinta años que comprende entre otros, su asistencia a las bodas en Caná. Es hasta entonces, en donde se encuentra el inicio documentado del quehacer cotidiano de Emmanuel[127]:

- *En esos días, Jesús vino de Nazaret, pueblo de Galilea, y se hizo bautizar por Juan en el río Jordán (Mc 1:9).*

- *Después que tomaron preso a Juan, Jesús fue a la provincia de Galilea y empezó a proclamar la buena nueva de Dios (Mc 1:14).*

- Jesús los vio y les dijo: *Síganme que yo los haré pescadores de hombres (Mt 4:19).*

- *Fueron hasta Cafarnaúm. Allí Jesús empezó a comunicar su doctrina en las asambleas del día sábado, en la casa de oración (Mc 1:21).*

- *De madrugada, cuando todavía estaba muy oscuro, Jesús se levantó, salió y fue a un lugar solitario, donde se puso a orar (Mc 1:35).*

---

126 Yehoshua en hebreo bíblico antiguo; posteriormente se conoce como Yeshua y es traducido así por Esdras, Nehemías, 1 Crónicas y 2 Crónicas.

127 Predicho en las profecías de Isaías (Is 8:8).

De seguro, en la medida que transcurrían los desconocidos dieciocho años, períodos escondidos entre los doce y treinta años de la vida de Jesús; internamente en cada uno de ellos, en cada uno de esos años que completaron los dieciocho jinetes-calendario del misterio informativo, fueron sucediendo muchas y pocas cosas voluntarias e involuntarias, evolución temporal que transformó la fisonomía de los recursos.

Ante la ausencia de José

El hijo de Helí, José, había fallecido, eslabonando con su muerte la cadena luctuosa que, de forma natural durante cuarenta y dos generaciones, desde Abraham hasta Jesús, disminuía el rebaño envejecido de los hijos de Israel. Como toda partida sin retorno, su muerte fue sentida sobre todo por la dulce María de José. El anciano primoroso, que solícito guardaba con sus canas y su nombre el respeto merecido por María, respeto y consideración reclamado por la tradición de tener en alta estima el sitial de la madre, de la esposa; espacio de mujer, apreciado en su condición de señora guardadora de la honra del hogar y del esposo. Ese hombre que rodeó de un inmenso respeto y cariño a su esposa... ¡había sucumbido!; se había entregado en los brazos del silencio mortuorio, respondiendo al llamado imperioso de acudir de manera presurosa para presentar el balance de sus obras, ante el Dios de los días y las noches.

¿Cómo y en qué momento sucedió? ¡Vaya secreto inmortal que se llevó a la tumba!, hasta en la muerte continuó ocultándose del tumulto, de los "ruidos" de la historia que ignorante palidece ante la grandeza del humilde omitida en sus entrañas. Toda una vida proyectada en las sombras del "brillar impactante" de los hombres, todo su caminar y su hablar fue apagado por jugar muy en serio a ocultarse, bajo el techo tranquilo de los seres que en silencio se dirigen a la meta.

Un día de tantos... ¡tuvo que ser!, cuando quizás al final de la faena, con su cuerpo encorvado, cansado, sudoroso y pidiéndole en secreto y a gritos el descanso, resintió la flaqueza de la fuerza restante que emigraba de su cuerpo... a otros cuerpos, a otras partes escondidas más allá de sus sentidos, más allá de sus deseos, más allá de la cruda realidad que le alejaba de las cosas y los seres que rodeaban su existencia.

Nada pudo ser diferente a la suerte corrida por amigos, familiares y vecinos que en un tiempo compartieron sus afanes, sus sonrisas, sus temores, sus amores. Con su muerte se sumaba a las muertes ya ocurridas en el pueblo y... con su muerte rubricaba, o lo que es lo mismo, reafirmaba y sellaba su adhesión e impotencia ante las leyes naturales. Toda la mortalidad que habitaba en él, fue entregada a la misericordia inmortal del Dios que le llamaba a su presencia.

Y tuvo que partir, desde el instante mismo en que sus ojos de mirar suave, reposado, acariciante se cerraron para siempre; concluyendo así la primera fracción de aquella misión redentora de la cual formaba parte. Sus manos de obrero toscamente encallecidas por el roce continuo de herramientas, de maderos y sustancias irritantes, como efecto del oficio que ejercía... carpintero, se quedaron inmóviles con un gesto de sorpresa, entreabiertas, ¡tan vacías e inertes!, como si nunca hubiesen tenido aprisionado entre sus dedos... pedacitos materiales de universo, pedacitos etéreos de infinito.

¡Cómo se quedaron sin guardar nada!, sin llevarse nada las manos que todo lo tuvieron; posesión infinita cuando acariciaron con un gesto de ternura, el rostro de la única mujer que el cielo tomaba con profundo respeto como madre y como esposa, cuando sostenían cuidadosas el cuerpo de aquel niño que indefenso se confiaba a sus brazos de "gigante", a sus manos "poderosas" que delicadas y prudentes, le protegían para "recorrer el mundo" en las primeras experiencias de querer caminar solito, acción infantil que debió repetir constantemente, confiado en la seguridad que le brindaban las atenciones del anciano protector del hogar y la familia.

¡Cuánto vacío habrás dejado en el momento de tu partida!: el vacío de tu sombra, de tu nombre, de tu mirada transparente y reposada, de tu "silencio limpio y elocuente", que continuamente orientaba el quehacer de aquella gente que a tu lado constituía el núcleo central de la familia.

Criatura de Dios, escogido por Dios para nacer y morir en la fecha señalada por tu amada providencia. Y se quedaron inconclusas las obras que aceptaste y emprendiste por encargo, en tu humilde taller de artesonero-carpintero: la garlopa, el recinto parchado en sus paredes y su techo, la madera procesada, los colochos de cedro y de caoba que en desorden se quedaron, el martillo, aquel banco de tablones disparejos y tu lugar abandonado que jamás volvió a ocuparse de manera similar: ¡con tu cuerpo, tu experiencia y con tus años!

Luto en el ambiente hogareño y tristeza en el espíritu de los seres que dejabas. ¿Cómo reír después de tu partida?, si tu aporte de sonrisa imperceptible y de mirada bondadosa se ocultaban de manera dolorosa, agobiando la existencia y oprimiendo los sensibles corazones.

¡Pobre María!, María de Yahveh que, desde las características de tu fragilidad humana, soportaste tan temprano el inexplicable acoso de la soledad burlesca que inoportuna te imponía su presencia. A partir de la marcha sin regreso de José, tu vida no poseería el aliciente de tener a su alcance la valiosa compañía del amigo, confidente y esposo, que profundamente comprensivo aceptó el lugar de agradable compañía, de tutor y protector delegado por el cielo.

¡Cuántas cosas cambiaron!, en el segundo fugaz que te arrebató el aliento que se juntaba diariamente al aliento de los tuyos. ¡Te marchaste, José de Nazaret!, y contigo te llevaste la etapa más hermosa del hogar que te dio la providencia, dejando en desamparo a la dulce mujer que acompañó tus pasos y tus días, en los días finales de tu ignorada y fructífera existencia.

Te marchaste y tu espíritu remontó las distancias infinitas que obsequiosas se rendían a tu paso. Poco a poco quizás, o a lo mejor de inmediato, como un suspiro que supera al tiempo, que le impide incluso el darse cuenta de lo que sucede: tu mirada, tu rostro y tu figura, todo vos, "se materializaron", revistiendo nuevamente el ser y no ser de tu existencia, en un cuerpo nuevo forjado en el espíritu, habitante natural de espacios invisibles ocupados por criaturas no visibles. Ante ti se reveló el gran misterio de la vida eterna en abundancia, que sobrecogía de temor y de llanto a los seres no difuntos.

El tiempo fue pasando... y con ello

Uno, dos, cinco, nueve y tantos días más... fueron pasando; el vacío dejado por tu cuerpo, tus tareas y tu nombre, fue quedando como tiempo y como espacio consagrado a tu recuerdo, y el lugar que ocupabas como obrero y cabeza de familia, fue asumido con rigor por el hijo que dejaste.

No podía quedar aquel hogar sin un varón que rigiera el destino de la casa, pues la estricta cultura judaísta, obligaba a guardar bajo tutela o protección a las mujeres. Pero entonces... ¿qué hubiese sido de María, sin el hijo que asumiese obligaciones y respaldo como jefe de familia?, es probable que hubiese tenido que marcharse a la sombra de un núcleo familiar gobernado por parientes o por amigos solidarios. Sin embargo, por las mismas leyes y costumbres de la vida y de este pueblo, fue Jesús que, a sus años juveniles, asumió los deberes como guía y responsable, como factor productivo que enfrentara la demanda de recursos, que calmaran a su vez, los niveles de vivencia necesarios al disfrute de la ansiada subsistencia.

El tiempo, generoso bálsamo que calma las ausencias y pesares, fue entregando sus horas de nostalgia... al arrullo del descanso. Y la vida cotidiana: en el hogar mutilado por la ausencia del amigo y servidor de los asuntos encargados por el cielo... José de Nazaret, continuó ejerciendo en María y en Jesús, la exigencia de labores ejercidas desde antes, por el guía y soporte material que orientaba los destinos de la casa.

¿Cómo habrá palpitado tu corazón, María de Yahveh?, cuando al amanecer de cada día, tus atenciones de madre se volcaban cariñosas para despedir al hijo que emprendía aquel camino hacia el trabajo, hacia las labores ejercidas en su nuevo cargo de artesano maestro en aquella aldea, recorrido diario hacia el pequeño taller situado no muy lejos de la casa, o quizás contiguo a ella, o a lo mejor en el mismo predio propiedad de la familia. Avanzando, impulsando aquellos cortos pasos por la ley de la costumbre... pensativo, solo, ¡físicamente solo!, pero a la vez acompañado y acariciado por los recuerdos que se aferran al ayer tan añorado; soledad y compañía, desbordada en las experiencias felices que hicieron del hogar un oasis de quietud cuando José también vivía; caminar lento y suspirante anhelando el regreso y el calor de su morada, cercanía de cielo que habitaba en la presencia y el amor de aquella linda mujer, que siendo su madre, le esperaba ansiosamente al final de la jornada.

Espera paciente de la madre y regreso impaciente del hijo... la llegada, los abrazos, las sonrisas, el momento del encuentro que concentraba el tiempo dedicado a las tareas de la subsistencia diaria. Ocasión feliz del reencuentro, constituido en aliciente cada día para iniciar y concluir cuanto antes los deberes, para no adormecer el ritmo natural del tiempo, emprendiendo con dedicación y sin demora, la labor a la cual daban forma sus manos y su oficio para dar por acabadas cuanto antes, las reparaciones y las obras iniciadas.

De esta manera, el tiempo fue pasando y, con ello, la nostalgia de los días disfrutados, de los días que fueron "pura vida", a la sombra del espacio y del tiempo, de los tiempos de María. El hogar, la gente, los comentarios y los gestos, se fueron revistiendo de resignación y aparente olvido, mientras la vida continuaba dirigiendo su desgaste y su destino, hacia el futuro profundo de lo incierto, incorporando con desgano nuevos dichos, nuevos planes, nuevos hechos que alteraban la rutina del quehacer, en el taller, en la casa y en el pueblo.

Capítulo VIII

Caná, signo y expresión de María

Un día de tantos… como si no existiesen muchos, un suceso por demás especial e importante sacudió la conducta adormecida, introvertida y quizás hasta huraña de la gente; de acuerdo a las noticias y rumores que circulaban como el viento… de casa en casa, de oído en oído y por todo el pueblo, muy pronto se celebraría la ocasión solemne de una ceremonia nupcial, noticia trascendental que alteraba la rutina en el pueblo vecino de la tierra de Caná de Galilea a nueve kilómetros de distancia. Compromiso de amor ya conocido y que gozaba de la aceptación generalizada en Nazaret, sentimiento expresado en el alto grado de respeto y estimación que se dispensaba a los contrayentes, por lo tanto, la identificación espontánea y cariñosa entre Jesús, María[128], los discípulos, los invitados y los novios, constituía un lazo natural de garantía presencial en tal evento.

A partir del momento en que la boda se anunciara, el pasar de las horas transcurría hospedando en su interior, el repaso continuo de las otras horas que aún faltaban. De todas maneras, era cuestión de esperar; más temprano que tarde todo tendría que llegar, nada podría detenerse ni empujarse a como suele suceder en la historia de las cosas y los tiempos que envejecen.

Entre tanto, el deleite esperado del evento era el tema conversado del encuentro, deleite y gozo anticipado en los sentimientos fraternos que vivían como pueblo, en la solidaridad vecinal de aquellos seres que habitando poblados tan cercanos... juntarían sus planes, sus quereres y haceres, para compartir la experiencia que teniendo como centro el sueño ilusionado de los novios, se potenciaba para enriquecer el futuro con la aportación franca y sincera de las múltiples intenciones expresadas en regalos, en abrazos, en palabras cariñosas que lanzaban al viento los mejores deseos porque fuesen dichosos por el resto de sus días.

Y así se fue acercando el momento, penetrando callado en su propia temporalidad, como queriendo esconderse, pasar desapercibido en la espera y preparativos de la fiesta ya anunciada.

El cantar desentonado y madrugador de los gallos nazarenos, en la fría mañana de aquel día ya esperado, fue marcando el funeral de las horas que "abusivas" separaban el momento reservado por el pueblo. Y, ¡por fin!, nació en los solares, las casas y los campos, el fulgor esplendoroso de las luces mañaneras, claridad que regalaba el sol naciente para sumarse al anhelo de los novios, luminosidad traviesa que se entregaba como ofren-

---

128 "... María era de la fiesta. También fue invitado a las bodas Jesús con sus discípulos". (Jn 2:1-2)

da, posibilitando con ello la presencia alegre de aquellas horas memorables.

La visibilidad del nuevo día permitió descubrir el nacer aburrido y siempre igual de los afanes rutinarios, activismo cotidiano desplegado en la continuación de las tareas inconclusas, el inicio entusiasmado o desganado de tareas emprendidas como nuevas pero, sobre todo, el surgir de este día engalanado, permitió desplegar el dinamismo festivo que yacía escondido en esta gente. Laboriosidad reflejada en las tareas emprendidas, para dar por resuelta la apariencia de los cuerpos y las ropas, en el marco del festejo ya anunciado.

En las partes traseras de las casas, donde duermen los espacios vacíos o solares, los alambres retorcidos y añadidos que asumían la labor de "tendederos", se habían revestido de gala acariciando en sus lomos de metal frío y desnudo, las vestimentas "domingueras" de la gente. Sin embargo, no alcanzaron a gozar mucho del calor trasmitido por las prendas, desde muy temprano de "ese día", fueron quedando vacíos, despojados, desnudos ante los gestos satisfechos de sus dueños; los colores diferentes y vistosos de las ropas se perdieron al cruzar hacia el interior de aquellos techos y su forma variada conforme a la moda de aquel tiempo: para hombres, mujeres y los niños, fue ocupando su lugar de complemento físico que resaltaba en muchos casos, la satisfacción o complacencia de sus dueños, la vanidad, el sentir airoso y triunfante de los cuerpos, materia frágil que buscaba con esmero el adorno y la apariencia de los seres atrayentes y deseables.

Acudiendo presurosos a la boda

El camino irregular y pedregoso, que indefenso soportaba el "tropel" colectivo que acudía presuroso a la cita programada en Caná de Galilea, fue sufriendo los golpes y violencias de las múltiples pisadas que, en el peor disimulo de sus prisas o carreras, pretendían presentar en el choque violento de las sandalias contra el suelo, el saludo orgulloso de los pasos educados, del caminar cadencioso y reposado de la gente fina y delicada.

Llegado fue el momento ilusionado de los novios, familiares e invitados; los ambientes galileos que ya habían venido transformando su rutina fueron mostrando cambios cada vez más evidentes, los cuales anunciaban la proximidad inmediata del festejo. Destacaban como signo del momento que venía: las sombras grisáceas de la tarde de aquel día que moría, agonía de las horas que jamás regresarían, y que en contubernio con las sombras oscuras de la noche, con curiosidad acercaban su final como si hubiesen sido invitadas al cortejo; acercándose de lejos, bajando de los cerros, emergiendo de lo alto, de los sitios más hondos de las simas o abismos; acentuando su presencia en aquel breve recinto que, orgulloso, destacaba sus adornos al influjo de las luces preparadas.

Paulatinamente fue acentuándose la amenaza ennegrecida de las sombras, coloración profunda que imponía el imperio oculto de la noche. Sin embargo, el avanzar de las sombras no alcanzaba a desbordar el espacio iluminado del recinto, ¿sería por temor, respeto o impotencia?, debilidad de la noche dominante en el alto realizado ante el área previamente iluminada, espacio que servía de cuna y cobijo al amor que dos seres se entregaban para siempre; terreno hospitalario, brindado a los amigos y parientes que complacidos y animados festejaban con orgullo la oportunidad de estar presentes, oportunidad brillante para ser testigos del compromiso solemne, del nacer de un nuevo día, que habría de llenar los sentimiento en el enamorado corazón de los felices contrayentes.

La fiesta se fue convirtiendo en un banquete de viandas, melodías y de risas, de saludos reiterados, abrazos y componendas ante actitudes pasadas, el ambiente alborotado de aquella ocasión festiva, fue liberando en su regazo las penas y los tormentos que sufría aquella gente.

Y al compás de las cítaras, flautas, tambores y arpas, los cuerpos fueron vibrando como madejas al viento: tan flexibles, tan bonitos, tan graciosos. Los aplausos y los gritos se expandían contagiando el ardor reprimido de los más "cara de pobre", exteriorizando exclamaciones continuas y ruidosas que descubrían las más fuertes emociones.

El local sufrió en silencio la pequeñez de su espacio: ante tantos bailarines que alegremente vibraban bajo el influjo cómplice de las notas melodiosas, de los grupos absorbidos en sus pláticas y bromas que colmaban alegremente los espacios disponibles: tan escasos, tan pequeños, tan buscados por el continuo vaivén de las idas y venidas de invitados peregrinos que no "asentaban cabeza", de aquel cuerpo de servidores, que complacientes atendían los pedidos de bocadillos y vino, que insistentemente surgían de cada rincón ocupado en aquella casa en festejo. Una y otra vez... la demanda insistente de vino, comida y exquisiteces preparadas para este día... ¡qué vivan los novios!, ¡felicidad en su casamiento!, que continúe la fiesta, ¡felicidad para todos!

Los Odres se vaciaron... ¿qué será de la fiesta?

Las horas fueron pasando, multiplicando minutos de fiesta y de gritería. El consumo era insaciable por tanto y tanto invitado... más allá de lo esperado, más allá de lo planeado por los "dueños" de la fiesta, hasta llegar a explotar aquel consumo extendido sin recato y sin medida, en sorpresiva experiencia originada en el agotarse de la reserva de vino.

El rumor de la escasez se fue extendiendo como materia volátil, como el aire que sin verse corre y corre rellenando los espacios, por aquí y por allá, invadiendo los contornos; hasta llegar el momento en que el inefable rumor fue convirtiéndose sin pudor en intruso visitante de las gentes, de los novios, de los grupos que felices continuaban disfrutando.

El asombro colectivo se extendió sin misericordia en el ambiente, se entristecieron los rostros, las sonrisas se ocultaron, la música desafinó sus notas, los anfitriones temblaron.

¿Cómo llegó a ser posible que de pronto la cortesía de suplir lo necesario, tuviese que ser negada por el error cometido de estar vacío el armario?, ¿qué dirán los invitados? y... ¿mañana los comentarios?, en el pueblo, cerca del pueblo, y... ¿los que vinieron de lejos?; ¿qué dirán en sus lugares? ¡Vaya qué pena y descuido!, pobrecitos de los novios sufriendo tanta vergüenza.

Nadie sabía qué hacer, los anfitriones y los sirvientes temblaban paralizados: en sus mentes, en sus gestos, en sus palabras ausentes que parecían surgir de inteligencias cerradas. Hasta las minúsculas fracciones de tiempo detuvieron sus alegrías, la exaltación calló de pronto, enmudecieron las breves porciones que guardaban los minutos y segundos; se ocultaron temblorosos como queriendo ausentarse, tropezaron los instantes vacilando en su caminata, expectantes y curiosos como queriendo observar y al mismo tiempo aprender, de la pena y del dolor del posible desenlace o final de aquella fiesta.

Bueno, ¿y entonces?, por entre aquel desconcierto de incredulidad y vacío, se fue filtrando el silencio que marcaba la impotencia de resolver el problema. De la plática con los novios buscando alguna respuesta, del intercambio de ideas con el grupo que les rodeaba: familiares, buenos amigos y por demás solidarios, se desprendió nuestra amiga la dulce madre María... pensativa, quizás con su mente lejos... allá muy allá cerca del Padre, suplicando una respuesta que prolongase la fiesta de aquellos novios felices y quizás hasta parientes.

El período de desconcierto se prolongaba en el tiempo; sin embargo, el caminar pensativo de la linda madre María fue transformando el accionar de sus pasos que quizás fueron cediendo, retrocediendo en su prisa, disminuyendo distancia entre la madre y el hijo, del hijo para su madre, acercando sus miradas que contenían pesares por la suerte de los novios: con su fiesta, con sus nombres, con su pena. Solo bastó la intensidad del momento, el cruce de las miradas entre Jesús y María y el mutuo entendimiento del porqué de aquellos gestos. Fue en ese instante fugaz que se trasmitieron intenciones y sentimientos, potenciando sus anhelos por ayudar en la fiesta.

- Mira Jesús, ¡qué pena!, lo que ha sucedido a los novios, el vino se ha terminado, la fiesta está agonizando, todo mundo está perplejo, no se concibe tal cosa; como nunca ha sucedido, al menos en nuestro pueblo es motivo de gran sorpresa, comentarios y vergüenza. ¡Qué lástima!, ¡qué ironía!, que, por una simple bebida, se altere tanta alegría.

- Tiene razón mi madre, pero ¿qué podemos hacer?, la hora no es la adecuada para salir a buscar, dispongamos el regreso, por favor ¡vámonos ya!

- Caramba hijo… ¿qué pasa?, ¿por qué te portas así?, ¿por qué no piensas si acaso… algo podemos hacer?

El viento bajando de la montaña que danzaba solitario sobre el techo, la música en retirada, los pasos agonizantes y aquel murmullo de voces cada vez más apagados eran señal evidente que la noticia corría… poco a poco, copa a copa, grupo a grupo, cuerpo a cuerpo…

Sin embargo, los sentimientos, la cercanía y el afán de aquella gente amistosa que ya conocía los hechos, continuaron refrendando solidaria compañía.

¡Vaya ancestral costumbre!, tan antigua y tan de moda de celebrar ofrendando vino en las bodas, en el templo, en las fiestas, los hogares y en toda ocasión que motivase un recuerdo.

El desconcierto existente sobre el final de la fiesta, las figuras impotentes, inseguras e impacientes por su capacidad de respuesta plenamente adormecida, proponiendo sugerencias y soluciones más que nada inconsistentes e imprecisas y desplegando en la prisa del querer hacer y no hacer nada, movimientos cada vez menos creíbles por la ausencia de acciones realizables. En fin, toda la inteligencia y capacidad puesta a prueba en la medida que el problema profundizaba; cada vez eran más los presentes que callaban, que ocupaban resignados el lugar de espectadores, tragándose su inteligencia, su genialidad y bullicio, quedando cada vez más en evidencia las incompetencias e incoherencias de los dichos con los hechos.

Entre tanto, María y Jesús... el protagonismo que surge por un compromiso de amor, la misión que se adelanta iniciándose en una boda especial... una escena, un mensaje que provenía del cielo, encarnándose en un "hacer" que como anticipo de una misión... ya se forjaba en la tierra.

Corazón, voluntad y sentimientos abrazados en un ágape, amor reflexivo e incondicional para entregar a los novios el recuerdo feliz de un compartir sin tropiezos. Testimonio de amor que se tejía en la complicidad expresada en las redes del primer milagro de la nueva alianza que pasaría a la historia como el milagro de las bodas de Caná.

Intercesión de la Madre... complacencia del Hijo

Entre tanto, allá en el fondo del órgano auditivo de Jesús, en los escondites y laberintos donde el oído se confabula para llevar al cerebro los sonidos exteriores que habrán de alterar la intimidad del silencio interior de cada persona en particular, se escuchó suavemente la vocecita insinuante y preocupada de María.

Intercesión

Pero... ¿y si tú intentaras forjar alguna idea?
o... ¿al menos una acción que forjara la solución
para dar por superada la presente situación?
¿No estarías de acuerdo, mi querido hijo?,
en que aún por simple amistad,
¡algo tenemos que hacer!

(EMILIO)

Se queda Jesús mirando... y quizás más que mirando, interrogante y pensativo.

¡Aún no!

Madre, ¿pero por qué me dices esto?
Si en mis manos tú bien sabes
que no está la solución;
 mi hora aún no ha llegado,
si es que a ella te refieres,
por lo tanto, te suplico...
no me insistas, ¡por favor!

(EMILIO)

El ambiente que arropaba el respirar de María y Jesús guardó obediente quietud. Ansiedad indefinible se dibuja en el rostro de la madre... el tiempo se prolonga... el vacío se agranda entre la palabra dicha y la respuesta que no viene. Entre tanto, el rostro y la mirada del hijo descansan impasibles, sin ningún movimiento aparente que se pueda considerar una respuesta, con una expresión de tranquilidad que se contrapone a la intranquilidad de todos, como lejano y cercano pero a la vez ausente, como jugando quizás a parecer indiferente, ¡vaya error!, el no poder entender su manera sencilla y oportuna para entregar esa respuesta que mitigue las ansias de la madre, madre linda y querida, a la que jamás el hijo ha querido defraudar.

Un leve movimiento mutuo en el posarse la mirada penetrante y expresiva del hijo en la mirada apacible y confiada de la madre. Breve movimiento que de seguro se constituyó en el inicio y el final que deshojaba la tensión del silencio y de la espera; una nueva corriente de calor y expresión impulsó la vivencia de María que, a su vez, imprimió seguridad y alegría en los gestos y presagios de las cosas que vendrían.

Continúa el silencio, pero también continúan afirmándose los signos y los gestos de la obediencia del hijo hacia su madre. La mirada serena y complaciente de Jesús trasmitió con lenguaje expresivo los eventos que guardaba la respuesta que vendría... que venía:

> Habla María:
> *A ver, a ver; acérquense servidores de esta casa engalanada que servís a la causa de este evento... bendecido casamiento; acercaos prontamente a la presencia de mi hijo para que, prestando oído a lo que tenga a bien deciros, procedáis sin demora a realizar todo lo que él os mande.*

La mirada del hijo detenida y alejándose hacia un rincón sin importancia de la estancia... seis jarrones de piedra que por no contener nada, parecían relegados a la inutilidad o al olvido de los mismos habitantes, seis jarrones vacíos, que atrajeron la atención del invitado especial que, en un gesto hasta impulsivo, y respondiendo a los llamados de su madre, fue señalando los inmóviles objetos e invitando a los sirvientes a dirigirse hacia los mismos.

Habla Jesús:
Por favor, llenad uno a uno los jarrones que tenéis sin uso
allá en el fondo, saturadlos de agua sin temores y aunque
os lleven cien litros su llenado... uno a uno, completad los
seiscientos que demandan.

Se procedió fielmente a lo que Jesús había ordenado, y una vez la labor fue realizada, nuevamente se escuchó su palabra autorizada.

Habla Jesús:
Recoged en un vaso la porción que permita probar
al mayordomo lo que habéis recogido en los jarrones;
¡adelante!, no tardéis obedientes servidores.

El "ordeno" fue cumplido inmediata y velozmente. ¡Con asombro!, mayordomo y sirvientes comprobaron lo que en el momento para nadie era evidente. En este instante, solamente el mayordomo acertó a expresar con malicia descubierta, y no exenta de profunda admiración.

Habla el mayordomo: Qué sabrosura de vino que tenían mis patrones, ¡vaya sorpresa dichosa que han reservado a la gente!, invitados y amigos, parientes y no parientes saborearán con deleite el mejor fruto de uva, que han probado mis labios; seguro, seguritito... los labios de los presentes.

Y no contento con esto, continuó murmurando entre dientes el asombrado sirviente.

Habla el mayordomo: Vaya descortesía del amo, dejar el mejor vino en reserva; cuando lo cierto es que siempre se hace al inicio de la fiesta, para acariciar los sentidos de tanta gente querida que brindará con nosotros compartiendo su alegría.

Y como siempre... en el silencio

Mientras tanto, allá en el fondo de la casa, retirada de toda importancia o protagonismo, observaba en silencio la dulce mujer que acá en la historia que se forjaba en la boda, provocaba sin quererlo el milagro más hermoso entre la madre y el hijo, del fruto de sus entrañas que en obediencia suprema, anticipaba los signos que muy pronto desbordarían las experiencias humanas, conocimiento y fervor de todo un pueblo tradicionalmente creyente, que en el correr de los siglos esperaba ansiosamente la señal de la promesa que vendría a estar con ellos.

Reflexión final

Linda niña-mujer... ¡María! Provocaste el milagro que remontó la corriente de los tiempos y los hombres para certificar tu presencia en los planes y en los hechos. ¡Cuántas cosas no dichas!… llevan el sello de tu nombre, ¡qué clarísima la presencia de tu intercesión y ternura quedó plasmada en la boda!, ceremonia de amor entregada a la historia de tu paso por la vida, existencia terrena en misión que anticipaba en Caná... lo que vendría después.

Conclusión

Caná, geografía de referencia donde concluye el itinerario del silencio, del caminar callado que estrenó sus primeros pasos en la casita humilde de Nazaret. Treinta años de Nazaret a Caná, treinta años de eternidad que esquivos dosificaron la exteriorización de su contenido histórico, entregando en consecuencia, el conocimiento y la experiencia de ricos fragmentos de la totalidad redentora, breves pasajes que permitieron vislumbrar los destellos de la luminosidad que envolvía la Promesa, y que, en torrentes impetuosos de amor, se sumergía en las profundidades de la misericordia conforme lo anunciado en las profecías.

Sueño del corazón eterno que se filtraba en los cielos de Nazaret, pequeña porción terrena que siendo tenida a menos por los hombres, habitaba en el pensamiento divino como morada dichosa de "la llena de Gracia", tierra inhóspita cortejada en la timidez de la vegetación marchita, ahogada por la insolación y los pedregales en la resequedad de la tierra esparcida, ante la soledad y el viento que danzaba en Galilea; pueblecito arrinconado y exaltado como testigo terreno del "Ave, María"; punto de partida de la misión en el *Alégrate tú, la amada y favorecida (Lc 1:28)* que se quedó para siempre en el espacio que cobijaba a tu gente, en la revelación presencial que surgió del cielo en cada gota del jugo de uva, que se conformó por intercesión de María, en el milagro de la conversión del agua en vino en Caná, manifestación de la alegría celeste que acudía generosa, ante el inusual tropiezo que enmudecía el festejo.

Nazaret y Belén, entre otras, como ciudades de cabecera en el surgimiento de la nueva historia que se forjaba en la nueva alianza, tierras heredadas por la pobreza y la sencillez de su topografía y su suelo, superficies abundantemente bendecidas en la escogencia con que las privilegió la visita del ángel y el nacimiento del Mesías, letras que se abrazaron solitas para conformar los nombres de los poblados escondidos y huraños... más acá y más allá de la consumación de los tiempos, cunas de la vida en abundancia que nacía en ellas, tierras de promisión del alma que acomodaron en su regazo las huellas de la misericordia, signos de redención que calladamente se incrustaron en la conciencia y la esperanza de la generación de ese tiempo y de las generaciones venideras.

Gozo y celebración de la vida ante la encomienda del Padre, reverencia y bendiciones ante el Rey que sería grande y que gobernaría por siempre; pero también, sufrimiento ante la soledad y el abandono que dio cabida al temor en la matanza herodiana que pretendió asesinar al *Rey que sería grande*, experiencia del sobrevivir "imposible" que entregó su impotencia en los días del exilio, cumplimiento de la misión en el recorrido de las calles de la nueva Jerusalén, en el desgaste de las sandalias que apretaron la piel y las carnes de aquellos pies diminutos de mujer[129], pies encallecidos de obrero[130] y de los pies que años después enrojecidos por la sangre que brotaba de ellos, caminaron presurosos a la cita del Calvario.

De Nazaret a Caná, María de Yahveh, encuentro de plenitud y éxtasis arropado en el sueño de la salvación eterna; cita de amor en el pesebre encarnada en los magos y pastores, en el momento de la ofrenda y la purificación en el templo, en la presentación y la profecía del anciano Zacarías, en el enamoramiento que condujo a la misión por cada uno de los rincones del tiempo y del universo, en la celebración de aquel día del Señor que devolvió la sonrisa al silencio y a los hombres, ante el regocijo materno que acarició la dureza y las murallas de los pueblos y ciudades.

---

129 María
130 José

Dimensión de amor sublime, momento de salvación inaugurado en Belén con la venida del santo. Verdad, vida y camino que habrá de continuar su derrotero desde el instante mismo del primer *Hágase en mí (Lc 1:38),* vocación y respuesta, abandono, realización refrendada en el Hijo con su tributo de sangre: *pero que no se haga mi voluntad, sino la tuya (Lc 22:42).*

Magníficat[131]

Celebra todo mi ser la grandeza del Señor
y mi espíritu se alegra en el Dios que me salva,
porque quiso mirar la condición humilde de su esclava,
en adelante, pues todos los hombres dirán que soy feliz.

En verdad el Todopoderoso hizo grandes cosas para mí,
reconozcan que Santo es su Nombre,
que sus favores alcanzan a todos los que le temen
y prosiguen en sus hijos.

Su brazo llevó a cabo hechos heroicos,
arruinó a los soberbios con sus maquinaciones.

Sacó a los poderosos de sus tronos
y puso en su lugar a los humildes;
repletó a los hambrientos de todo lo que es bueno
y despidió vacíos a los ricos.

De la mano tomó a Israel, su siervo,
demostrándole así su misericordia.

Esta fue la promesa que ofreció a nuestros padres
y que reservaba a Abraham y a sus descendientes para siempre.

(Lc 1:46-55)

---

131 El Magníficat es el cántico que María dirige a Dios en ocasión de la visita a su prima Isabel, esposa del sacerdote Zacarías en el pueblo de Ain Karim.

Un caminar
hacia María

n el ámbito de la fe el autor guarda la huella imborrable del Cursillo de Cristiandad No. 11, del 23 al 26 de octubre de 1975, Diócesis de Estelí.

A partir de 1976 participa como dirigente del Movimiento Diocesano de Cursillos; en Seminarios de Espiritualidad a cargo de la Renovación Carismática Católica. Integra el equipo designado por el Secretariado Diocesano al Cursillo de Cursillos en la Arquidiócesis de Managua. Desde el 5-6 de junio, con el P. Andrés Weller, varios matrimonios impulsan los Encuentros Conyugales, coordinados por el Movimiento Familiar Cristiano.

En 1977 es incorporado al Secretariado Diocesano de Cursillos e invitado en equipo por el P. Eduardo Mejía para colaborar con Retiros de Evangelización, Parroquia de Suyapa, Arquidiócesis de Tegucigalpa, Honduras. Con su "Reunión de Grupo" promueven la Pastoral de animación rural. Integra la Comisión Diocesana al "Diálogo Nacional: Obispos-Laicos 17-19 agosto, en la Diócesis de Matagalpa". Posteriormente es nombrado Rector de Cursillos, Diócesis de Estelí.

En 1982 su "Reunión de Grupo" organiza el Movimiento Juvenil "De cara al viento", bajo la dirección del P. Julio C. López.

Del 21-24 de noviembre de 1985 en compañía de César Gadea, Monseñor Rubén les envía al IV Cursillo de Cursillos, Arquidiócesis de San José, Costa Rica.

En 1986 el Obispo lo nombra Director Ejecutivo de Cáritas. Reconstruye la actual sede de la organización y materializa programas de emergencia, asistencia y promoción social. Del 19-25 de septiembre integra la Representación Nacional dirigida por monseñor Julián Barni, Obispo Diócesis de Matagalpa y Presidente de Cáritas, al XI Congreso Latinoamericano de Cáritas en Santo Domingo, República Dominicana.

En marzo 1987 presenta "Propuesta de Pastoral de Conjunto, Parroquia Catedral", mayo 87-mayo 88. En septiembre, el Obispo lo nombra miembro de la Comisión Diocesana ante la representación de Iglesia presidida por monseñor Miguel Obando en la Comisión Nacional de Reconciliación…: Gobierno, Resistencia, Iglesia, Organismos Internacionales.

El 1 de abril 1988, monseñor Rubén lo nombra Director Diocesano de Cáritas, presentando en mayo el "Plan Organizacional: junio 1988-junio 1989", desde la perspectiva de organismo ejecutor de la Pastoral Social.

Para el Año Internacional de la Familia, el 15 agosto de 1994, monseñor Julio C. Videa le delega la coordinación del equipo que en mayo 1995 presenta a monseñor Juan Abelardo Mata, Obispo Diócesis de Estelí, la "Propuesta de Pastoral Familiar, Parroquia de Catedral".

En 2001 coordina en la Parroquia de Ciudad Antigua el equipo de evangelización juvenil "Arriésgate… hay algo más", dirigido por el P. Julio C. López.

En marzo 2009, con un grupo de seglares organizan "Encuentros de Reflexión y Avivamiento", cuyo objetivo era la reactivación pastoral de líderes.

Del 29-31 de enero 2010, participa en Retiros de Emaús, Parroquia Quilalí; Talleres de Oración y Vida "P. Ignacio Larrañaga". De abril 2010 a enero 2017 coordina el Equipo Pastoral "En la Barca de Pedro"; Parroquia de San Nicolás, Diócesis de León, bajo la dirección del Párroco Paziente (Patricio) Tiraboschi.